ADIOS ANGELINA

Paulina Zelitsky

ISBN 9781777035617

Dedication

A las valientes y decididas mujeres periodistas de México que, a pesar de la persecución de políticos corruptos y élites poderosas, las amenazas de la mafia del crimen organizado y la indiferencia social ampliamente extendida hacia su causa luchan sin miedo por los derechos humanos elementales de las mujeres y los pobres: Ana Lilia Pérez Mendoza es una periodista y escritora mexicana. Ha publicado numerosos informes y libros sobre corrupción, lavado de dinero, migración y el sector energético, María Carmen Arestegui es una periodista y presentadora mexicana. Es ampliamente considerada como una de las principales periodistas y líderes de opinión de México. Es la presentadora del noticiero Aristegui en CNN en español y escribe regularmente para la sección de opinión del periódico Reforma. Ella está publicando y transmitiendo desde su propio sitio web: https://aristeguinoticias.com

Paulina Zelitsky

Preface

México está en una guerra civil perpetua, todavía gobernado y controlado por la hipocresía, la codicia, la ambición, la ignorancia, el miedo y la violencia. ¿Evolucionará México? No si continúa sacrificando mujeres: sus chingadas (un término muy popular utilizado con frecuencia en coloquial, mexicano-español que significa madres violadas y violadas) cuando se refieren a las madres pobres vivas. Incluso hoy la prensa extranjera está comentando sobre la alarmante escala de la violencia criminal en México: La escala de esta violencia criminal en México superó los números que solo podrían resultar de la guerra: más de 250,000 muertos, 40,000 desaparecidos y 28,000 secuestrados. Esta novela "Adiós Angelina" está basada en una historia real que tuvo lugar en el México contemporáneo. La mayoría de los títulos de los capítulos y todas las selecciones de poesía están tomadas de la letra de la canción de Bob Dylan "Farewell, Angelina". Los nombres de todos los participantes en esta historia fueron cambiados con el fin de proteger sus identidades y las de sus familias.

Paulina Zelitsky

TABLE OF CONTENTS

Paulina Zelitsky

1. Adiós Angelina

Adiós, Angelina,
el cielo se está replegando,
te veré en un rato.
Bob Dylan

Angelina paso una mala noche de sueño después de intercambio de los argumentos agraviados con Diego, su marido, y sus hijos adultos, quienes estaban descontentos con plan de viaje de Angelina para una reunión en México después de haber sobrevivido a los intentos anteriormente fallidos a su vida.

Ella los rechazó señalando que esta vez es diferente porque solo irá a una reunión con PEMEX, y los quienes agredieron a su vida antes, no tendrán conocimiento de su venida. Ella y Diego habían salido de su casa a las 4 de la mañana, destinados a llegar al aeropuerto tres horas antes de su vuelo a la Ciudad de México. Angelina todavía sentía atontada por la falta de sueño.

En el aeropuerto, Diego le ayudó con el equipaje, compuesto principalmente de medicamentos veterinarios para perros vagabundos de la ciudad de México para que sean distribuidos a los refugios perrunos locales. Siendo una amante de animales Angelina aprovechaba sus vuelos a México para llevar sus modestas donaciones de medicina a los refugios de perros vagabundos locales que siempre carecían de estos.

Diego, profesor universitario retirado, se distinguió por la mirada distraída de un intelectual dislocado. Tres años mayor que Angelina, pero saludable y aún fuerte, no pudo acompañar a Angelina en este viaje, a pesar de que, como todos los norteños, amaba los viajes de invierno al sur. Tuvo que quedarse en casa para cuidar a una camada creciente de perros extranjeros callejeros adoptados, que Angelina logró traer con ella de los países pobres donde trabajaba. Cada uno vino con su propia historia dramática.

Las dos últimas cachorritas hembras blancas callejeros, Zolinka y Neus, junto con su madre Julia, fueron rescatados y adoptados por Angelina en la planta de distribución de PEMEX de la región de Tabasco. A su vez, ellos probablemente salvaron la vida de Angelina ladrando a los delincuentes que saltaron el muro de hormigón de 3 metros de altura y entraron a la casa de ella en Tabasco por la noche. Angelina fue alertada del peligro inminente, y los intrusos huyeron, temiendo una despiadada raza canina. Las cachorras adoptadas fueron también una maravillosa acompañante para materna Angelina y dedicado Diego por los que sus propios hijos ya adultos vivían lejos. Diego alquiló una casa rural con 6 acres de tierra boscosa para satisfacer las necesidades de todos los perros adoptados, cerca de una ruta directa al aeropuerto internacional, conveniente para las frecuentes llegadas y salidas de Angelina.

Zolinka, una pequeña blanquita callejera cachorrita mexicana, lloriqueaba última noche, aparentemente sin ninguno motivo. Tuvieron que recurrir a encerrarla en la oficina cuando ella bloqueó con su cuerpo por la mañana la puerta de salida, como si ella sabía de la partida y trataba de evitar. Angelina era muy aficionada a esta cachorra con solo unos pocos meses de edad, rescatada con una patita trasera paralizada. La cachorra había sido atropellada por un camión en la planta de PEMEX donde Angelina estuvo instalando su sistema de seguridad. Ahora, Zolinka se ha convertida a una líder orgullosa y corredora la más rápida de la monada de perros adoptados por Diego y Angelina.

Cuando Angelina rescató una flaca, cubierta de sangre, aparentemente paralizada cachorrita en la puerta de entrada en la planta de PEMEX, los guardias de la planta, así como los ingenieros extranjeros de Angelina, y los empleados mexicanos se sorprendieron de que ella sintiera que era necesario ayudar a esta cría y menospreciaron sus esfuerzos.

«¿Por qué perderías tu tiempo ayudando a esta callejera? Ella está condenada. Lo mejor que puede hacer es ignorarla o echarla fuera en el campo donde ella va a morir en paz.

» México tiene muchos más animales abandonados en las calles que en cualquier otro país de América Latina, más del 70% de los perros en este país son deambulantes.

» ¡No puedes salvarlos a todos!

» Hay cientos de cachorros hambrientos en esta planta solo.

» Nadie sabe cómo llegaron aquí, en este lugar aislado.

» A veces, los visitantes y los guardias los recogen para venderlos o adoptarlos, pero eso es una posibilidad remota para estos cachorros, ya que solo los sanos y guapos tienen esa oportunidad.

» Mientras tanto, estamos trabajando en una tarea muy importante y en este momento no podemos permitir ninguna distracción.

Pero el corazón de Angelina no escucharía la razón. «Debo llevarla al veterinario mientras aún esté viva». Angelina alimentó a este cachorro medio muerto con su emparedado, que trajo para el almuerzo, la cubrió con su chaqueta de trabajo y llevó al cachorro ensangrentado a un veterinario en ciudad cercana, aproximadamente a una hora y media de distancia donde un veterinario de mediana edad limpió y examinó al cachorro. Después de eso, aconsejó «amputar la patita trasera porqué», según él, «aunque las heridas de la carne podrían sanar, el daño a los nervios no lo haría, y el cachorro nunca recuperará la capacidad de caminar sobre las cuatro patas». Él trató las heridas del cachorro y pidió la aprobación de Angelina para prepararla su operación. Angelina se negó. Su corazón no podía aceptar una sentencia tan dura para el cachorro de solo unos meses.

—Tengo que encontrar otra opción, —dijo— y ellos viajaron a ver con otros dos veterinarios de la ciudad. Después que tres veterinarios condenaron la cachorra con la necesidad de amputación, Angelina le preguntó a uno de ellos, que parecía más compasivo, sobre lo que podría hacerse como una alternativa a la amputación, porque ella no podía ver ningún futuro para un cachorro callejero en México sin una pata trasera.

«¿Podría intentar alguna alternativa de terapia física? De lo contrario, prefiero pagar por eutanasia, porque la muerte sin sufrimiento sería preferible que una vida de sufrimiento».

El tercer veterinario, después de pensar un rato, sugirió algunas terapias físicas Angelina podría intentar hacer por sí misma. Ella regresó con la cachorrita a su hogar combinado con la oficina en la ciudad, donde Angelina la escondió en la habitación de servicio del ático, para evitar que otros empleados y visitantes escuchen a la cachorra llorando. Le dio su medicamento para el dolor envuelto en trozos de jamón y ella se ha colmado.

A la mañana siguiente, compró el vendaje recomendado por el veterinario. Ella vendó la patita trasera del cachorro a su cuerpo de tal manera que se vería obligada a tocar el suelo con la patita cuando la llevara sobre la hierba suave. La llevó escaleras abajo al patio trasero y la ejercitó durante 30 minutos dos veces al día: por la mañana antes de partir y por la tarde después de regresar del trabajo de campo. Claramente, ella no podía guardar un secreto permanente y el cachorro fue descubierto por los empleados sorprendidos y descontentos que sentían que la cachorrita no valía nada y que debería ser removida del local que sirve como la oficina.

En ese momento, Angelina registro la adopción de este cachorro bajo el nombre de "Zolushka", la cual en su idioma nativo es el nombre de "Cenicienta". Como los empleados en oficina no podían pronunciar “Zolushka”, la llamaron Zolinka. Poco a poco, Zolinka comenzó a apoyarse sobre su patica trasera que estuvo inmovilizada hasta entonces, y un mes después de su terapia diaria, Zolinka se transformó en una hermosa perra cretense completamente blanca.

Cómo una perra cretense llego aparecer siendo callejera en México era solo otro misterio mexicano. Zolinka fue tan orgullosa de su recuperación total que aprovechó todas las oportunidades para mostrar lo rápido que podía correr. Ella parecía estar volando. Una excelente perrita guardiana, probablemente le salvó la vida a Angelina cuando los intrusos treparon el muro de hormigón de 3 metros de altura que rodeaba el patio trasero de la casa de Angelina. Claramente, esa noche, si no se detenía, podrían haber secuestrado o matado a la Angelina dormida. Este tipo de robos, por secuestro o asesinato, se había vuelto demasiado común en México. Muy inteligente y cariñosa, Zolinka se convirtió en la querida del vecindario, pero estaba demasiado unida a Angelina, lo que la hacía susceptible a la ansiedad cada vez que Angelina se iba.

Angelina esperaba poder recuperar el sueño perdido durante el vuelo de 5 horas. Necesitaba refrescar su mente para una presentación muy importante en PEMEX, la compañía petrolera nacional, programada para esa misma tarde. Un gran número de los ejecutivos de PEMEX y su personal de ingeniería de transporte por los ductos petrolíferos esperaban atender su presentación en la torre ejecutiva en la Ciudad de México. Su presentación triunfal fue prevista para las 4 de la tarde, culminando un esfuerzo de varios años para demostrar una nueva tecnología de seguridad para PEMEX.

Desarrollado por la empresa de alta tecnología la cual Angelina representaba, esta tecnología innovadora proporcionaría un monitoreo permanente de tuberías y perímetros de plantas en tiempo real. El gobierno mexicano estaba desesperado por proteger sus recursos nacionales a partir de las pérdidas anuales de 3.000 millones de dólares de los EE. UU. debido a los robos y sabotajes, sin contar las innumerables accidentes y muertes de personas inocentes.

El equipo técnico de Angelina ya había instalado y probado con éxito esta tecnología por su propia cuenta en una de las tuberías de PEMEX en el norte del país, así como un sistema de seguridad perimetral comercial en la planta de PEMEX en Tabasco durante un año. Esta tecnología se instaló, juntamente con Siemens de México, alrededor de la Planta de Procesamiento y Distribución de PEMEX. Finalmente, Angelina podría con orgullo declarar que esta nueva tecnología se probó, no solo en los países del primer mundo, sino también en México. ¡Qué poco sabía ella! Más tarde, los eventos demostrarían que ella todavía tenía mucho que aprender en México.

Angelina era optimista por naturaleza. Ella creía en soluciones técnicas y enfoques racionales para cada problema. Pequeña de porte, con la constitución delgada y el carácter de un marimacho, ella todavía gozaba de una buena salud. Reconocida internacionalmente como una científica, ella en realidad era una ingeniera en sus mediados de los años sesenta. En los últimos cuarenta años Angelina trabajó en muchas partes del mundo; desde el Ártico hasta las regiones tropicales. Hablaba con fluidez cinco idiomas, incluido el español, que aprendió cuando trabajaba por períodos prolongados en varios países de habla hispana.

Su experiencia anterior en México había sido turbulenta. Había aprendido que el trabajo de campo del México era peligroso, pero esta vez no estaba preocupada. Estaría en la sociedad civilizada de la Ciudad de México por solo unos días. Regresaba a México después de casi un año completo desde su apresurada partida provocada por un atentado contra su vida en la región de Tabasco. El tiempo y el lugar eran diferentes ahora. Sus únicas preocupaciones al momento eran su vestuario y capacidad de elocuencia. Ahora, después de que se comprobó la eficacia de su nueva tecnología en México en el transcurso de un año, se sintió obligada a continuar las conversaciones con los ejecutivos e ingenieros de PEMEX sobre la implementación futura de estas tecnologías para la infraestructura. Este fue un corto viaje de negocios que duró solo unos días.

Mientras tanto, la mayor preocupación de Angelina en el aeropuerto, y luego dentro de la cabina de avión de La Mexicana, fueron sus zapatos de tacón alto que compró para un traje nuevo y una blusa a juego, especialmente seleccionados para esta presentación de alto nivel en PEMEX. Los zapatos elegantes, al ser nuevos, no eran tan cómodos. Le preocupaba que su costoso traje y blusa nuevos pudieran arrugarse o mancharse con comida o refrescos en el avión. No fue fácil para una mujer presentar soluciones técnicas para impresionar a los ejecutivos de PEMEX, en una sociedad machista dominada por hombres mexicanos, especialmente con factores tan agravantes como ser una mujer mayor con un traje de negocios caro pero arrugado. Esto haría su trabajo aún más difícil. Ella no tenía tiempo para cambiarse en el aeropuerto en algo fresco, ya que su socio comercial para proyectos mexicanos, Friedrich, el ejecutivo de Siemens para América Latina, la estaría esperando en el aeropuerto. Él fue a recogerla tan pronto como sea posible para hablar con ella de forma confidencial una estrategia conjunta y un acuerdo conjunto con PEMEX durante su viaje de dos horas, en el tráfico pesado, hacia la sede de PEMEX en la ciudad de México.

Friedrich era un ejecutivo senior, alto, distinguido y autoritario con una larga experiencia trabajando para PEMEX en México en grandes contratos. Su presencia sería tranquilizadora durante la presentación de Angelina. Le gustaba Friedrich, pero estaba preocupada por sus negociaciones porque Friedrich estaría obligado a guiar el acuerdo a favor de Siemens, un poderoso gigante tecnológico internacional.

Antes de la salida, el gran aeropuerto internacional parecía vacío en una hora tan temprana. Angelina había reservado un asiento junto a la ventana en clase económica donde podría relajarse y posiblemente dormir después del despegue. Se unió a Diego sentado cerca del área de seguridad para intercambiar ideas y mensajes finales.

— ¿Estás segura de que no quieres un café? —preguntó Diego.

—Gracias, querido, me siento vigorizada, a pesar de temprana hora. Estoy tan emocionada que soy capaz omitir mi precioso café; tal vez pueda dormir un poco durante el vuelo. Estoy muy entusiasmada de poder decir victoriosamente a todos esos escépticos varones en PEMEX que al final tenemos pruebas contundentes los que presentamos aquí. Ahora podemos compartir los resultados de nuestra tecnología de seguridad funcionando en tiempo real, durante un año, no solo en algún país extranjero, sino también en su propio país, en su propio ducto y en su propia planta. Al implementar esta tecnología para PEMEX, podremos detener los robos en miles de millones de dólares y accidentes que resultan en terribles lesiones y vidas perdidas por culpa de estos robos. No va a ser posible para ellos retrasar la implementación de esta tecnología por más largo, y cuatro años de nuestro trabajo en México finalmente producirá contratos.

—Angelina, mi soñador, mejor intenta volver rápido y seguro, usted sabe cuánto nuestros cachorros faltaran a ti. Zolinka pasó anoche llorando como si supiera que íbamos en la mañana.

—No solo Zolinka, un par de las otras crías fueron también molestos por la noche. Por supuesto, ellos sabían. Estaban mirándome cuando preparaba mi maleta. Ellos son muy inteligentes. De todos modos, no se preocupe, trataré de estar de vuelta en 3 o 4 días, con por lo menos una comprensión acerca de dónde y cómo podemos empezar a debatir y trabajar para el próximo contrato. La negociación más difícil para mí será con Friedrich y Siemens sobre cómo vamos a compartir y dividir el pastel—, dijo ella.

—No importa pastel, Angelina, solo acaba de regresar en forma segura y rápida. Los cachorros y yo estaremos esperándote.

—Gracias, querido, te enviare coreos diarios con la última. Es mejor si ahora vuelves a la casa. Sé que vas a cuidar bien a todas nuestros adaptadas. Te amo.

Angelina besó a su marido adiós, recogió su portátil en la seguridad y se dirigió a la puerta de salidas de vuelos, donde ella se sentó a esperar por embarque. La unidad de asiento de plástico en la puerta no era propicio para dormirse. Además, ella no podía permitirse el lujo de perder su vuelo porque ella hizo. Angelina cerró los ojos y se imaginó cómo reaccionarían todos sus perros cuando Diego regresara a la casa sin Angelina.

Pensamientos cálidos sobre Zolinka ayudaron a Angelina a superar la somnolencia progresiva, y se sintió alerta una vez más tan pronto como se anunció el abordaje. Su asiento era lo suficientemente cómodo como para permitirle a Angelina una revisión final de su presentación de PowerPoint en español con archivos de video que mostraban las pruebas exitosas de su sistema de seguridad. Angelina estaba demasiado emocionada para dormir, y le preocupaba obsesivamente cómo reunirse con Friedrich en el aeropuerto y si el traje de ella no tendría arrugas o manchas.

Finalmente, se anunció la llegada, y Angelina desconectó su computadora portátil, comprobó si había papeles olvidados y se preparó para salir lo antes posible en un intento de localizar a Friedrich que la estaría esperando en las llegadas. Lo que sucedió después, ella nunca podría anticipar, incluso si estaba soñando.

2. El cielo está en llamas

El triángulo tintinea
y las trompetas tocan lento,
el cielo se está incendiando
Adiós, Angelina
Bob Dylan

Al aterrizar en el aeropuerto de la Ciudad de México, Angelina comenzó a cruzar el puente peatonal arrastrando detrás de ella un pesado maletín con portátil lleno de documentos. Todavía preocupada por la pulcritud de su traje y la incomodidad de sus tacones altos, notó a una mujer en uniforme de la policía mexicana parada a la salida del puente peatonal con un cartel llevando nombre de Angelina. La mujer era recia, en sus fines de los años treinta, con una cara redonda, pero abierta y alta, con-cabello enrollado en peinado recogido. Sorprendida con tal saludo porque no podía concebir ninguna razón posible para este aparente honor, Angelina se acercó a la mujer policía y le preguntó el motivo de su cartel. La mujer policía, en lugar de responder la pregunta de Angelina, le pidió sus documentos. Miró el pasaporte de Angelina, miró a Angelina y gritó:

—La tengo a ella, aquí está.

Cuatro hombres uniformados como los policías federales mexicanos aparecieron de repente detrás de esta mujer. Uno de ellos tomó el pasaporte de Angelina mientras que otros le quitaron su teléfono móvil y la computadora portátil. Todo se estaba desarrollando muy rápido, como en un mal sueño, cuando el horror te atrapa mientras duermes, pero no puedes moverte o gritar. La mujer le ordenó a Angelina que la siguiera a través de una estrecha escalera trasera detrás de las oficinas de inmigración. Angelina intentó protestar; ella quería saber la razón del secuestro de un pasajero internacional. Ella quería que su pasaporte fuera sellado en inmigración, de lo contrario, no podría comprobar que llegó a México. También quería que le devolvieran su teléfono para poder llamar a Friedrich y avisarle que llegó y que la policía la retuvo y que se negó absurdamente a decirle cual sería motivo de su detención o, al menos, mostrar una orden de detención. Ella protestó enérgicamente por este retraso y su detención, lo que confundiría a Friedrich y retrasaría su aparición en la reunión de PEMEX programada para esta tarde.

La mujer policía respondió que no sabía el motivo de la detención de Angelina; simplemente se le ordenó encontrarse con Angelina a su llegada y detenerla. Ella no sabía por qué. Ahora parecía muy preocupada y repitió que no podía permitir que Angelina usara su teléfono móvil, o recogerá su equipaje o, incluso, registrara su entrada en inmigración. Realmente, ella no sabía qué hacer con Angelina, pero no podía permitirle hablar con nadie hasta que su superior le diera más órdenes.

Mientras tanto, los agentes de la policía mexicana obligaron a Angelina seguirlos a través de la escalera de atrás del edificio del aeropuerto, en un estrecho aparcamiento donde empujaron a un coche de policía negro con ventanas opacas esperando fuera. Ahora parecía un secuestro, especialmente después de que Angelina se quedó encerrada sola en ese auto de la policía con solo un conductor durante al menos una hora bajo el ardiente sol mexicano del mediodía. Quería gritar pidiendo ayuda, pero las ventanas opacas estaban bloqueadas y el conductor no respondía.

Por último, los agentes de la policía volvieron, pero en lugar de contestar las preguntas de Angelina sobre su detención o mostrar su orden de detención, ellos vendaron los ojos de Angelina y la mujer policía ordenó al conductor que salga inmediatamente. Después de conducir casi una hora, se le ordenó a Angelina que saliera del auto y le quitaron la venda de los ojos. Se pudo ver que llegaron a la entrada de un interior muy desalentadora, antiguo edificio de varios pisos.

Angelina no podía reconocer este edificio, pero se sentía mejor cuando noto que los guardias vestían uniformes de la PGR (en el sentido de que pertenecían a la Fiscalía Federal la Oficina del fiscal general del Estado). Es una buena noticia. Este feo, oscuro edificio de oficinas en el estilo arquitectónico de la década de 1950 parecían pertenecer a efectivos de la policía federal de México. Ahora Angelina experimentó un segundo viento; sus espíritus fueron renovados. Seguramente, los verdaderos agentes de la PGR Mexicana pronto se dan cuenta de que han cometido un terrible error al detener a una persona inocente, cuya única intención era introducir nueva tecnología para detener robos en PEMEX.

Ella pensó: «Su trabajo en México fue sancionado legalmente y ella tenía una visa de trabajo válida. Incluso era conocida públicamente por la policía federal mexicana local en Tabasco.

» No solo había denunciado los dos intentos anteriores de su vida por parte de la mafia local, sino que ayudó a la policía local a arrestar a los delincuentes que le dispararon un año antes, en el camino hacia la planta de PEMEX.

» La policía local y los agentes de los tribunales penales en Tabasco, aparentemente dispuestos a procesar sus cargos de asalto, le pidieron encarecidamente a abandonar México de inmediato, antes de que la mafia criminal se vengó por la detención de tres de sus miembros, después de un prolongado enfrentamiento.

» Angelina informó a PEMEX de este evento ya que el asalto a ella ocurrió cerca de la planta de PEMEX donde estaba trabajando. Esperaba que PEMEX enviara un abogado para seguir este caso en la corte; en cambio, PEMEX expresó amablemente su simpatía, sin llegar a comprometer a ningún abogado para representarla a ella en dicha corte.

» La simpatía de PEMEX fue agradable, pero no lo suficiente para Angelina, quien no pudo encontrar un solo abogado local dispuesto a representarla contra la banda criminal que le disparó. Todos repitieron: "Plata o Plomo", el lema con el que la mafia mexicana gobierna el país. Y con esto, sintieron que era suficiente para excusar su pasividad contra la delincuencia.

» En esta situación actual, los agentes mexicanos de la PGR podrían llamar a PEMEX para confirmar el propósito de la llegada de Angelina a México. También podrían llamar a Friedrich, quien haría lo mismo. Angelina estaba segura de que Friedrich, cuando se contactaran con él, iría a las oficinas de policía de la PGR donde la llevaron, para recogerla de inmediato y llevarla a la sede de PEMEX a tiempo para su presentación programada.

» Todo lo que tenían que hacer era devolver el teléfono móvil de Angelina y permitirle que llamara a Friedrich. Después de eso, estaba segura de que los agentes se disculparían inmediatamente y le devolverían su computadora portátil. Por supuesto, Friedrich haría los arreglos necesarios para llegar a tiempo a la presentación en PEMEX.

» Después de la reunión con PEMEX, Angelina volvería corriendo al aeropuerto para recuperar su equipaje y solo después de eso, se derrumbaría en el hotel donde estaba esperando su reserva. Todo sería volver a la normalidad.

Angelina fue conducida a uno de los cubículos vacíos y grises de la oficina sin ventanas en el enorme quinto piso. Su estado mental positivo y lógico comenzó a colapsar hasta una intensa ansiedad. Se sentía desesperada por el estrés producido por el temor de no llegar a tiempo a su reunión, ya que la habían dejado sola en esa oficina durante casi cuatro horas. Cuando la mujer policía finalmente regresó, explicó «que llegaba tarde porque era la hora del almuerzo», y preguntó «si a Angelina le gustaría comer o beber algo». Angelina se negó, diciendo que «no tocaría alimentos o agua hasta que responden razón por la que fue detenida».

La mujer policía nunca se identificó. Ahora se veía preocupada y confundida. Se disculpó «por no ser una agente investigadora» y repitió que «todavía no sabía el motivo de la detención de Angelina, y que nunca había oído nada sobre este caso. Ella era solo el oficial que arrestaba cumpliendo sus órdenes. El agente investigador de la PGR sería responder a todas las preguntas».

Cuando finalmente, un agente de la PGR, relativamente joven, con "la máscara sin rostro" de un fiscal, que parecía muy ocupado, entró sin presentarse ni responder las preguntas de Angelina, ella se convenció de que algo muy aterrador estaba ocurriendo. Ella sintió como de repente ella se transformó en "nadie importante" y la policía no se molestó en dar cuenta de sus acciones. El investigador también dijo que «su trabajo era solo hacerle preguntas a Angelina». Se negó a explicar el motivo de su detención o a mostrar una orden judicial.

Al principio, mientras la esperanza de que la liberaran a tiempo para la reunión todavía ardía en su corazón, recurrió a respuestas breves para satisfacer los requisitos y ser liberada lo antes posible. De repente, la comprensión de que no podría hacer su presentación la golpeó duro.

«Esto es una catástrofe. Todos sus esfuerzos para organizar una conferencia de alto nivel en PEMEX para presentar los resultados de su año completo de operaciones estaban condenados. Cuatro años de inversión y trabajo muy duro se habían evaporado. Ahora, cuando finalmente tuvo éxito, fue secuestrada por la policía federal mexicana».

Angelina entendió que algo salió muy mal. Ella necesitaba ayuda. Exigió a ponerse en contacto con su embajada, su abogado corporativo, y su marido. Sus demandas fueron ignoradas tanto por el agente investigador como por el jefe de él quien ocupaba la oficina de vidrio en el frente del piso.

La misma mujer policía regresó alrededor de las 9 de la noche. Su día de trabajo había terminado, y que tenía que ir a casa. A pesar de la negativa de Angelina a comer o beber, le trajo una lata de cola, una hamburguesa y papas fritas. Ella dijo que, a pesar de sus mejores esfuerzos, el caso de Angelina no estaba claro y nadie en su oficina sabía qué hacer a continuación. Ella rogó por paciencia. Mientras tanto, Angelina tendría que pasar la noche en una silla en esta oficina. Mañana se le permitiría llamar a su embajada.

Las reacciones de Angelina reflejaron su agotamiento, depresión profunda y sensación de impotencia. No había nada que ella pudiera hacer; estaba perdida y olvidada en una oscura y vacía oficina de policía y ni siquiera podía comunicarse con nadie. Sus nuevos zapatos de tacón alto eran incómodos, y su traje elegante estaba arrugado.

Fue convertida en una prisionera secuestrada y ni siquiera sabía por qué sucedió.

La mujer policía también parecía triste, y Angelina pidió su asesoramiento más allá de la hamburguesa y la cola. «¿Cómo podría Angelina contactar a su esposo, Friedrich, y la embajada?» En los ojos de la mujer policía aparecieron lágrimas y ella preguntó: «si Angelina tenía un abogado penalista en México». Esto fue muy extraño ya que Angelina no esperaba de la mujer que la arrestó algún sentimiento de compasión por los problemas que había causado.

— ¿Por qué criminal? —la preguntó sorprendida.

— ¿Me veo como uno? Nunca he tenido un abogado penal, y cuando el año pasado fui asaltada con armas de fuego en Tabasco y le ayude a la policía detener a la mafia criminal, no he podido encontrar uno que me represente en la corte contra los delincuentes.

A eso, en una sorprendente voz baja la mujer policía respondió que mañana ayudaría a Angelina a contactar a su embajada, y le suplicó a Angelina que comiera algo y, por favor, que no intentara nada por su propia iniciativa, para no perturbar a los guardias nocturnos. Con este consejo, con lágrimas todavía en sus ojos, mirando muy triste, se marchó.

Era difícil realizar un seguimiento del tiempo porque el piso no tenía ventanas y las luces brillantes y el aire acondicionado estaban encendidos permanentemente. Angelina se dio cuenta de que se había quedado totalmente sola. Ella dejó su cubículo para inspeccionar los alrededores. Intentó abrir puertas en otras oficinas, pero estaban cerradas. Había un baño de mujeres en la salida trasera del piso, que conducía a la escalera trasera.

«¿Tal vez debería intentar tomar esa escalera e intentar salir del edificio?»

Pasó un par de horas pensando en esto, pero después de ver que la escalera estaba totalmente a oscuras, decidió no hacerlo.

«¿Qué pasaría si se quedara sola con todo el piso sin supervisión, con la intención de provocar su intento de escapar?

» ¿Qué pasaría si el guardia de la salida de abajo la tomara como sospechosa de fuga durante la noche?

» ¿Qué le ocurrirá entonces? ¿Los maltratarían durante la noche en este edificio vacío, alegando que abusaron de ella porque ella era peligrosa mientras trataba de escapar?

» ¿Era eso lo que la policía tenía en mente cuando le aconsejó que no tomara ninguna iniciativa?

» ¿Existe alguna posibilidad peor cual provocaba emociones en una agente de policía femenina, por lo demás fría y experimentada?

Angelina se calmó y tomó un trago de agua. Lo que más importaba era averiguar por qué estaba detenida. Si la policía le aconsejó que contratar a un abogado penal, significa que tendría que ver con algún crimen.

Angelina se tumbó en un banco de madera para visitantes. Sintiéndose extremadamente cansada y deprimida, pero con su adrenalina todavía en alto, pasó toda la noche revisando en su mente todas las posibilidades y eventos en su vida que podrían haber estado relacionados de alguna manera con esta ridícula detención. El incidente en la región de Tabasco fue el más reciente y parecía estar directamente relacionado con la mafia criminal.

3. Las ametralladoras están rugiendo

Las ametralladoras rugen,
las marionetas empujan rocas,
los demonios clavan bombas de tiempo
a las manillas de un reloj.
Bob Dylan

Era una hermosa mañana de otoño en la región de Tabasco. Angelina se sentó junto con Balam Chan, su conductor mexicano, un joven maya bajito, fornido y de color oscuro con la cara redonda y abierta. Era diligente, inteligente, de voz suave, inteligente y dotado de un carácter fresco, tranquilo y sereno con una memoria infalible para la navegación. Disfrutaron de una excelente relación y pasaron muchas horas conduciendo juntos por todo país. Salieron de la oficina ubicada en la ciudad provincial de la región de Tabasco en la madrugada, con el objetivo de llegar temprano a la ubicación remota de la planta de distribución y procesamiento de PEMEX. Esta era la ubicación donde el equipo técnico de Angelina instalo, en asociación con Siemens México, un sistema de monitoreo de seguridad de alta tecnología para proporcionar la seguridad permanente en tiempo real en el perímetro de la planta.

Conduciendo por la carretera a través de los campos agrícolas de Tabasco en la camioneta de su empresa, una RAM 2500 con ventanas blindadas, ellos se sintieron seguros y cómodos en este poderoso camión con solo un año de uso y con excelente aire acondicionado. El viaje tomaría solo una hora y un medio. Estaban de buen humor, hablando sobre la inspección del sistema perimetral de la planta y sus pruebas anticipadas esa mañana. Angelina le preguntó a Balam por qué los guardias de seguridad de PEMEX no se molestaron en estar atentos a las alarmas de seguridad. En cambio, cerraron la pantalla de seguridad para mirar cintas de videos con telenovelas grabadas. Balam respondió que estaban solos y aburridos en su caseta, especialmente de noche, y prefirieron usar los monitores de seguridad para ver telenovelas para combatir el sueño. Angelina discutió con su conductor estrategias para superar esta tendencia.

—Hablé con todos ellos sobre la necesidad de dedicar la video grabadora y el monitor a escuchar alarmas y seguir a las cámaras de video de visión nocturna que filmaban intrusos, al menos para registrar un posible evento de intrusión. Aun así, los guardias continúan usando la video grabadora y monitores de seguridad para ver telenovelas. Tal vez podríamos resolver este problema instalando adicionalmente un pequeño televisor con una video grabadora.

—No Doña Doctora —respondió Balam—. Siempre se dirigió a Angelina por este antiguo título español de alto rango.

—Sus jefes no estarían satisfechos con las grabaciones de las intrusiones. Ellos requieren que los guardias persigan a los criminales. Esto es muy peligroso para los guardias. Ellos podrían también tener miedo de que sus jefes en castigo les quitarán el pequeño monitor con un VCR, y se llevan a sus propios hogares, fingiendo estar enojados con los guardias y amenazando su empleo.

— ¿Por qué alguien prefería practicar comportamiento tal derrotista? ¿Por qué no dejar que el pequeño televisor permanezca en la caseta para asegurarse de que los guardias no apaguen la alarma y el monitor?

—Así es como nos comportamos en México, Doña Doctora. Es chingar o ser chingado (joder o ser jodido).

Angelina recordó cómo un amigo mexicano dijo que los mexicanos son mestizos, por lo que históricamente fueron discriminados. Como resultado, odiaban a sus madres nativas y se odiaban a sí mismas. Él dijo, "*así nos somos hijos de La Chingada*".

En un camino sombreado y angosto de Gregorio Méndez, un pequeño pueblo cerca de la planta de PEMEX, una camioneta Dodge Dakota blanca de repente apareció amenazadoramente por detrás y los alcanzó en el camino estrecho, casi empujándolos hacia la zanja. Milagrosamente Balam logro mantener el RAM en el camino, pero la Dakota bloqueó su camino completamente. Balam no tuvo más remedio que detener camión, de lo contrario, habría golpeado a la Dakota. La puerta del lado del acompañante de Dakota se abrió, y un hombre joven, delgado, alto, en una camisa de manga corta a cuadros salió sosteniendo en su mano una pistola. Corrió hacia la ventana del lado del conductor del RAM y comenzó a disparar desde la distancia de aproximadamente un metro. Disparó 6 balas en la cabina, en un intento de matar al conductor y al pasajero del RAM.

Balam instintivamente gritó:

—Tirarse—, y ambos doblaron sus cuerpos hacia el piso de la camioneta.

Angelina se dio cuenta de que ellos no tenían ninguna posibilidad de sobrevivir, ya que ella pudo contar 6 disparos y balas rebotando desde el interior de RAM contra el techo. Se preguntó:

«Si aún estuviese viva; si es así, entonces probablemente ella estaba herida porque en tal corta distancia el tirador no podía faltar a ella.

» ¿O tal vez ella ya estaba muerta y su alma estaba observando este espectáculo desde arriba?

Ella no podía comprender ya que todo sucedió muy rápido. Aun así, razonó:

«Si estuviese herida, le dolería mucho. Pero no sentía dolor. Entonces ella tenía que estar muerta».

Todo eso a un lado, su primera preocupación volvió ser sobre Balam, quien era el padre de una familia joven en Yucatán. Ella intento llamar a él con una voz baja, temerosa de que el asesino pudiera oírla y rociarlos con balas adicionales. Balam respondió que estaba bien. Ahora Angelina razonó si los dos estaban hablando, eso significaba que ambos sobrevivieron. Angelina luchó por levantar su cuerpo para mirar por la ventana. El asesino estaba de pie junto a la ventana con la pistola en mano. Su rostro reflejó sorpresa al ver que Angelina todavía estaba viva y que ahora lo miraba fijamente.

En este instante, Angelina agarró a Balam por los hombros y le gritó que se levantara y golpeara el acelerador con todas sus fuerzas, ya que la única esperanza era aplastar la camióneta Dakota blanca que bloqueaba su camino, con RAM siendo más grande. Su conductor y sus pasajeros podrían resultar heridos, lo que les daría a Balam y Angelina la oportunidad de escapar, en caso de que ellos mismos sobreviven al accidente.

Honestamente, Angelina no creerá que Balam iba a cumplir con este orden, y en circunstancias normales, es obvio que no lo haría. Porque era un muy buen conductor, sin embargo, por ser un chico maya nativo, generalmente era un poco tímido y temeroso.

Pero para sorpresa de Angelina, Balam levantó su cuerpo del suelo y brinco con toda su fuerza el acelerador. Su camión explotó con un estallido de ruido del motor y se estrelló contra la Dakota blanca fuertemente, sacándolo de la carretera con el impacto. Después de eso, el motor del RAM se apagó. Inicialmente, el asesino se quedó allí sorprendido, sin entender cómo Angelina y su conductor aún estaban vivos. Luego recuperó la compostura y ahora corría hacia la ventana lateral de Angelina para descargar más balas.

Balam se detuvo, paralizado por el miedo de haber apagado el motor del RAM. Angelina gritó de nuevo para reiniciar el camión. Después de breve intento, el motor volvió a la vida. El asesino ya estaba posicionado en la ventana de Angelina cuando el RAM, con toda su potencia, se estrelló nuevamente contra la Dakota blanca. Esta vez empujó a la Dakota completamente fuera de la carretera hacia la zanja. Angelina ordenó a Balam conducir a toda velocidad hacia la planta de PEMEX. Ella notó en la ventana trasera cómo un sedán Nissan X-Trail gris vino desde atrás y levantó el tirador. Los pasajeros en el Nissan dispararon armas mientras perseguían el RAM por lo que pareció una eternidad. En realidad, duró solo unos cuantos minutos, hasta que todos se acercaron a las puertas de la planta de PEMEX.

Normalmente, las altas puertas de acero de entrada a la planta están cerradas hasta que los guardias emiten un permiso después de verificar la documentación y la carga; pero esta mañana Angelina tuvo mucha suerte ya que un camión cargado estaba saliendo de la planta a través de esas puertas. Angelina ordenó a Balam que se apresurara a toda velocidad a través de las puertas aún abiertas, evitando el punto de control de guardia, y que se detuviera solo una vez dentro del área de seguridad de la planta. Hizo exactamente eso, encendiendo las sirenas de las alarmas de la planta.

Los guardias de seguridad, gritando, persiguieron el RAM con sus rifles dirigidos a los intrusos. Angelina saltó del RAM. A pesar de armas desenfundadas, levantó las manos en el aire y les gritó a los guardias que no perderían tiempo con ella; en cambio, deben intentar detener el Nissan gris, que salió huyendo a gran velocidad en la carretera adyacente después de que los viajeros de Nissan vieron RAM atravesando las puertas de la planta.

Angelina y Balam reportaron a los guardias lo que había sucedido, y juntos examinaron los agujeros de balas en su camión. Una hora más tarde llegó la policía local, examinaron las perforaciones de balas en RAM, maravillados por la buena suerte de Angelina y su conductor, quienes además de ser sacudidos, no resultaron heridos. Luego, dos carros de policía, uno frente al RAM y el otro detrás, escoltaron a Angelina y Balam a la estación de policía en la ciudad de Gregorio Méndez. La policía también recuperó a la Dakota, que estaba muy dañada, en la zanja junto a la carretera.

Angelina insistió en informar el incidente en detalle al investigador de la policía, quien sorprendentemente se mostró reacio a documentar el incidente. Un agente de policía mayor y muy cansado le aconsejó que esperara unas horas hasta que pudiera grabarlo. Balam también fue interrogado independientemente por otro investigador en otra oficina, evitando cualquiera posibilidad de comunicación entre ellos. Los oficiales de la policía querían saber dónde se encontraba el asaltante mientras disparaba. Los agujeros a través de la ventana y en el techo del auto sugerían que estaba apuntando a Angelina desde una distancia cercana, y si las ventanas reforzadas del auto no habían cambiado ligeramente el angulo de la dirección de las balas, Angelina seguramente estaría muerta.

Cuando finalmente salieron de la estación de policía, un oficial investigador alto, joven y guapo, con un uniforme diferente, más distinguido, y con una actitud radicalmente diferente, vino y pidió acompañarlos a la oficina de la empresa de Angelina, ubicada al menos de una hora de conducción, en una ciudad diferente en la región de Tabasco. Al llegar a la ciudad en su camión acribillado a balazos, otros conductores se apartaron del camino, asustados por su apariencia. Angelina pensó que tal indicación de respeto era bastante conveniente. Finalmente, se habían convertido en mandamás en las carreteras de la ciudad. La mejor forma de conducir en México.

El investigador de la policía examinó las oficinas de su empresa ubicadas en el centro de la ciudad, cerca de la sede de Exploración y Producción de PEMEX, y declaró que las instalaciones de la empresa de Angelina no estaban bien protegidas contra posible ola de represalias criminales. Ofreció guardias privados permanentes las 24 horas del día, pero a un pago muy considerable. Angelina decidió no hacerlo porque no podía confiar en estos guardias privados, y los dormitorios de personal principal de empresa estaban justo encima de la oficina. Ella rechazó esta oferta y le pidió su número de teléfono móvil para llamar en caso de que llegaran los delincuentes.

Tan pronto como el investigador de la policía se fue, Balam llamó a su esposa por teléfono, luego recogió su maleta. Él y su esposa decidieron pedirle su paga el resto del mes porque ya él no podría trabajar para la empresa de Angelina. Era simplemente demasiado peligroso. Estaba avergonzado y las lágrimas resbalaban por sus mejillas, mientras repetía con profunda emoción lo mucho que lamentaba haber dejado a Angelina en estas circunstancias. Su primera obligación fue con su familia.

Él explicó que él realmente aprecia mucho a Angelina, lo quería como si fuera su propia madre, pero no podía arriesgar su vida. Dijo que los otros ingenieros de su empresa, que eran solteros, y ahora se encontraban en otras tareas en otras localidades del país, volverían a acompañarla cuando se enteraran del asalto a Angelina. Ellos podrían ayudarla a terminar su trabajo en Tabasco. Ellos también llevarían Angelina a la planta y no habría necesidad en un conductor adicional. Por otro lado, él se quedaría sin trabajo, ni los medios para mantener a su familia en Yucatán.

Profundamente triste, Angelina sentía que Balam tenía razón. No podría seguir poniendo en peligro su vida. Ella le dijo que lo entendía y que no se ofendería con su decisión. Hizo lo suficiente por ella siguiendo sus órdenes y pisando el acelerador, lo que les salvó la vida de los dos. Ella no quería someter a nadie más a tal peligro. De ahora en adelante, ella misma estaría conduciendo su camión acribillado a balazos. Ella le escribió un cheque por el pago del mes y lo llevó Balam a la terminal de autobuses la misma noche.

Antes de irse a la cama, llamó a su esposo Diego, que había salido de México un par de meses antes porque su padre murió y su madre fue hospitalizada. Ambos tenían más de 90 años. Diego estaba sobrecargado con la situación de sus padres, y Angelina no pensó que sería justo deprimirle con sus informes ya que él no podía hacer nada para ayudarla en México.

Todo lo que le quedó a Angelina para hacer al día siguiente fue discutir el asalto con sus socios en este proyecto: Siemens de México y los administradores de PEMEX. También podría buscar la ayuda de sus dos jóvenes ingenieros con los que siempre estuvo particularmente cerca.

Ella alimentó y limpió a los perros alojados en su patio trasero: los tres cachorros que rescató de la planta de PEMEX donde trabajaba. A pesar de estar muy cansada, le resultaba difícil dormir porque sus nervios todavía estaban muy temblorosos.

Finalmente, se durmió, pero pronto fue despertada por el agudo llanto de un perro, seguida de ladridos muy fuertes y agresivos de los tres cachorros alojados bajo el espacio cubierto por un techo del patio trasero, que estaba rodeado por un muro de hormigón de tres metros de alto cubierto con vidrios rotos para proporcionar protección segura a la casa. Angelina trató de encender las luces, pero la electricidad de la casa fue apagada. Agarró una gran linterna industrial e intentó llamar a la policía, pero la línea telefónica estaba muerta. Termino por agarrar un bate de béisbol que ella mantuvo en su dormitorio para su protección, y con cuidado bajó las escaleras haciendo tanto ruido como sea posible. Los vecinos de la calle se despertaron con todo este ruido, y las luces de sus ventanas se encendieron.

Angelina cruzó a través de la oficina y entró en su oscuro patio trasero donde los perros ladraron sin cesar enloquecidos. Ella los calmó y examinó el patio trasero. Aparentemente, el patio estaba vacío, excepto por los perros. De repente, Zolinka tomo la atención de Angelina y le llevó hacia Julieta, una pequeña perra callejera rescatada de la misma planta. Angelina la rescató Julieta para facilitar la luz a sus siete bebés en el patio protegido de su casa, bajo techo y sombreado. Los guardias de la planta llamaron a esta dulce perra *Julieta* porque siempre estaba acompañada por un perro guardián macho al quien ellos llamaron *Romeo*. Periódicamente, la pobre Julieta dio la luz allí mismo, en medio del intenso tráfico de la planta. Sus pequeños bebés solo sobrevivirían si los visitantes de la planta los recogieran para su adopción. Los guardias de la planta a menudo compartían sus tortillas con muchos de estos pequeños callejeros indefensos y, a veces, hasta compartían su agua embotellada. Julieta no parecía muy saludable después de sobrevivir embarazos anteriores y Angelina decidió darle una mejor oportunidad en el patio trasero de su casa donde Zolinka ya era la autodenominada Maestra de Ceremonias. Inmediatamente, Zolinka se hizo cargo de la sala de maternidad cuidando a Julieta y sus nuevos bebés. Ahora Zolinka llevó a Angelina a Julieta, la quien yacía en el suelo en la oscuridad y no se movía.

Angelina encontró una vieja escalera apoyada contra el muro exterior de la casa como evidencia de una invasión que terminó cuando las perritas atacaron a los invasores desde adentro. La pobre Julieta fue la víctima. Angelina examinó a Julieta, pero no pudo encontrar signos de daño. Ella cargó a Julieta dentro de la casa donde intentó llamar a los vecinos o la policía, pero el teléfono de la oficina estaba muerto y nadie respondió a su teléfono móvil.

Angelina sospechaba que los invasores podrían haber estado relacionados con el asalto anterior a su RAM y ahora estaban tratando de secuestrarla o matarla, o tal vez simplemente asustarla para forzar su partida. A la primera luz, Angelina llevó Julieta al veterinario, quien lo determino que la pobre Julieta sufrió una conmoción cerebral por un fuerte golpe en la cabeza. Él drenó el líquido de su cerebro, con la esperanza de que pudiera ayudar. Lo hizo, y Angelina regresó con Julieta a casa. Ella ahora tenía nueva responsabilidad de alimentar a los nuevos cachorritos y a su madre con una cucharadita hasta que la madre se recupera. Esta historia tuvo un final feliz: la vida de Angelina se salvó una vez más y Julieta, así como sus cachorros, todos fueron adoptados un mes después.

Angelina informó y discutió el atentado contra su vida con Siemens México y con la alta gerencia administrativa de PEMEX. Por desgracia, ninguno de ellos podría ofrecer cualquier ayuda en esta situación peligrosa, la cual probablemente persistirá en Tabasco. Todos ellos le advirtieron de nuevo de la ley no escrita que rige México "Plata o Plomo", lo que significa que la persona que se niega a cooperar con la mafia morirá.

Los jóvenes ingenieros de la empresa de Angelina también decidieron por sí mismos que era demasiado peligroso trabajar proporcionando seguridad de alta tecnología para PEMEX. También renunciaron a sus cargos. A diferencia del conductor Balam, ellos no lloraron, sino que simplemente anunciaron que se iban. Eran jóvenes, talentosos, educados y hábiles; comprensivamente, no querían poner en peligro sus vidas. En realidad, quedarse sola era más tranquilizador porque no tenía que preocuparse por arriesgar la vida de sus empleados.

Angelina se sentía muy sola, no podía dormir y estuvo desesperada por terminar su proyecto en Tabasco. Aterrorizada, ella misma conducía su camión RAM para trabajar en la planta logrando poner en marcha el sistema de seguridad con éxito, entrenar los operadores del sistema, y ayudar en las pruebas de PEMEX a comprobar la efectividad del sistema, excepto si los guardias de seguridad de nuevo utilizarían la VCR y monitor para ver las telenovelas. PEMEX aceptó el nuevo sistema de seguridad e hizo un pago final por él.

Una tarde, cuando ella estuvo en su banco local para finalizar el pago, justo antes de salir por las puertas, ella notó que el mismo Nissan X-Trail gris era parqueado en la esquina del estacionamiento. Ella pudo reconocer los rostros de tres personas dentro del Nissan. Angelina agarró su teléfono móvil y llamó al policía investigador mexicano, quien llegó a la oficina de ella después del incidente y ofreció su servicio de vigilancia privada. Ella no lo aceptó entonces, pero ahora podía alertarlo sobre sus asaltantes en el estacionamiento del banco en el centro de la ciudad. Era probable que la estuvieran siguiendo, pero no estaba segura de por qué.

Angelina tuvo mucha suerte otra vez; el investigador de la policía respondió a su teléfono móvil. Entendió el mensaje de Angelina y dijo que su alerta fue muy afortunada porque actualmente conducía cerca, en el centro de la ciudad. Le pidió que lo ayudara a desviar el Nissan del estacionamiento del banco porque no quería crear una gran conmoción dentro del banco, en caso de que Angelina se equivocara y este fuera un Nissan diferente. Con ese fin, ella tuvo que montar a su camión y conducir desde la salida del estacionamiento muy lentamente, luego girar a la calle principal en la misma manera lenta, bloqueando el tráfico y permitiendo que la policía llegara a la escena a tiempo.

Angelina se mostró reacia a salir de las instalaciones seguras del banco porque tenía miedo de las personas en el Nissan, pero se obligó a seguir el consejo del investigador. Aturdida, salió del banco, cruzó el estacionamiento y montó a su RAM. Lo comenzó camión mientras ejercía un control máximo sobre sí misma para no mirar al Nissan. Aun así, estaba clara que los tres ocupantes del Nissan la notaron porque también arrancaron su motor.

Ella comenzó a conducir fuera del estacionamiento muy lentamente. En su espejo retrovisor, pudo ver que el Nissan X-Trail se movía detrás de ella. Suponía que no dispararían mientras estuvieran en el centro de la ciudad. Aun así, su torpe giro hacia la calle principal creó un embotellamiento. De repente, el sonido de las sirenas estalló, y varios coches de policía cruzaron la mediana desde la dirección opuesta. El camión de Angelina fue inmediatamente superado por el Nissan, el cual se deslizó peligrosamente hacia un lado antes de salir corriendo por la calle con los autos de la policía, las sirenas a todo volumen, en persecución. Angelina no sabía qué sucedió después porque simplemente se quedó atrás. Regresó a casa y tomó una sesión terapéutica siempre muy efectiva con sus cachorros. La mejor manera de terminar el día.

Dos días después, Angelina leyó en los periódicos locales cómo los policías estatal y municipal persiguieron al Nissan durante varias horas desde la ciudad hasta una zona rural donde llevaron a cabo una larga escaramuza con la pandilla de la mafia. Al final de esta escaramuza, 3 personas fueron arrestadas y dos estaban muertas. Esta banda criminal era muy peligrosa, y fueron acusados como los asesinos contratados y ladrones. Unos días más tarde Angelina recibió una notificación formal por servicio de mensajeros. Ella firmó el recibo del documento que parecía ser de la Oficina del fiscal general Federal (PGR), con instrucciones de presentarse al día siguiente en la segunda agencia de investigación de la PGR en una dirección determinada y en una hora determinada.

Al principio, Angelina pensó que sería una reunión formal con el mismo investigador a quien llamó durante el incidente en el banco. Ella decidió llamarlo de antemano para confirmar. Cuando Angelina llamó, él respondió, y dijo que los criminales del Nissan, de hecho, seguían a ella, pero que fueron detenidos. Le dijo que ella seria avisada a tiempo debido por la corte para testificar sobre el atentado contra su vida.

Cuando Angelina le preguntó sobre la notificación formal de su comparecencia en la dirección de la Segunda Oficina de Investigación de la PGR, se alarmó y negó cualquier conocimiento al respecto. Le pidió que ella escanea y envía por e-mail esta notificación. Al recibir, él llamó de vuelta aconsejar Angelina que no se vaya a la dirección indicada en dicha notificación porque esta notificación era falsa; las firmas y los sellos en ese documento fueron falsificados. Angelina aceptó su consejo y no fue presentarse, a pesar su firma del recibo de la notificación porque probablemente esta fue solo otro intento de secuestro o asesinato.

Vivía bajo un temor constante del nuevo ataque, perdió sueno, no podía dormir por las noches escuchando los menores ruidos de la calle, y su única protección fueron las tres perritas rescatadas con siete cachorros nacidos en patio de su casa. Todavía no podía salir del país porque estaba finalizando la capacitación del personal de PEMEX y estaba decidida a dar su testimonio contra sus agresores en la corte. Siempre le gustó terminar sus compromisos.

Varios días después, Angelina recibió otro aviso, esta vez por correo electrónico. Nuevo aviso establecía otra reunión en la Oficina de la PGR, pero esta vez el mismo aviso electrónico fue escrito en un tono y en forma muy poco profesional: desesperada e incompetente. Por supuesto, Angelina lo ignoró; en cambio, buscó frenéticamente familias locales que adoptarían a los cachorritos de Julieta. Los caninos de su casa que no fueron adoptados por vecinos tendrían que viajar con ella de regreso a su país.

Luego, finalmente, después de aproximadamente una semana, recibió una notificación del Primer Tribunal Penal de Tabasco solicitándole que compareciera para testificar sobre el asalto y los asaltantes que fueron retenidos en prisión mientras eran investigados.

Todas personas, los que Angelina conocía en México, le aconsejaron que no fuera a testificar en la corte. Todos dijeron que era extremadamente peligroso porque la policía era corrupta y la mafia es muy vengativa. Cuando Angelina trató de contratar a un abogado penal, quien investigue las conexiones de esta banda criminal y su relación con el trabajo en PEMEX, ella comprendido que, en la región de Tabasco, esto no sería posible. Nadie, incluyendo a su amigable investigador de la policía, aceptaría esta asignación. Asustada pero resoluta, ella presentó su testimonio en la Corte Penal de Tabasco y se marchó el próximo día para regresar a su país, ya que el trabajo con PEMEX en Tabasco fue realizado y los cachorritos con su madre Julieta fueron adoptados por vecinos, excepto dos cachorritas: Zolinka y Neus adoptadas y vacunadas para viajar con Angelina.

A continuación, los vecinos y amigos mexicanos de Angelina en Tabasco le informaron a ella que los agresores criminales arrestados fueron liberados de prisión un año más tarde, justo antes de su juicio, a pesar de varios testimonios sobre sus crímenes, porque ellos tenían protectores muy influyentes. «¡Tanto por la justicia en México, damas y caballeros! ¿Qué crees que pasaría con quienes testificaron contra estos agresores?»

4. Las campanas de la corona son robadas

Las campanas de la corona
están siendo robadas por bandidos,
debo seguir su sonido.
El triángulo tintinea
y las trompetas tocan lento.
Bob Dylan

A las cuatro de la mañana, Angelina todavía sigue sentada en la dura silla en uno de los cubículos de la oficina de PGR en la Ciudad de México. Estuvo sola, toda la noche bajo una brillante luz fluorescente. Sus pensamientos de escape son descartados por la certeza de que sería atrapada y abusada, lo que probablemente fue la intención de los guardias en primer lugar. Eso excusaría su abuso y su arresto forzado.

El problema es que todavía no han declarado alguna razón para su arresto ni han presentado una orden de arresto, por lo que tal vez la necesiten para crear un poco de conmoción para justificar su encarcelamiento. Cerró la puerta de su cubículo, pero no pudo poner seguro. Intentó barrearlo con las sillas en las que estaba sentada.

No había comido en las últimas 34 horas, sentía frío, le dolía la cabeza y le dolía la espalda.

El ruidoso aire acondicionado y la luz brillante eran insoportables. A pesar de estar sola en esta oficina sin ventanas, no podía conciliar el sueño porque su mente no dejaba de divagar. ¿Qué le había pasado y qué pasó en PEMEX cuando ella no apareció? ¿Qué le pasó con Friedrich? ¿Qué le había informado a PEMEX?

Nada cambió en las oficinas vacías de la PGR hasta las 10 de la mañana cuando los agentes comenzaron a entrar sus cubículos; excepto que nadie llegó al cubículo donde estaba Angelina. Ella salió de su cubículo y se acercó a un agente que entró en la oficina principal de vidrio. Probablemente era el jefe. Angelina exigió su derecho de llamar a su embajada o que le mostraran una orden de arresto, pero él se negó a hablar con ella, llamó a un guardia e inmediatamente la escoltaron de vuelta a su cubículo y le dijeron que esperara allí hasta que se resolviera su asunto.

La mujer policía de ayer llegó alrededor del mediodía, le trajo café y pan dulce para Angelina, pero Angelina lo rechazó nuevamente. La mujer dijo que Angelina debería comer para tener la energía necesaria para llamar a su embajada, por lo cual les otorgaran un permiso pronto. Otras buenas noticias fueron que ella ahora sabía con qué delito fue acusada Angelina. Fue un cargo de "fraude" denunciado por una víctima anónima.

«De hecho, era una buena noticia que Angelina ahora pudiera llamar a su embajada y era mejor saber de qué fue acusada, que no saberlo. Aun así, este cargo es increíblemente ridículo.

— ¿Cómo es posible detener a alguien por un reclamo de una víctima anónima?

— ¿Y sin una orden judicial? ¿Es esto legal?

—Llegaba a México para una reunión con PEMEX. ¿Cómo podría este acto ser caracterizado como "fraude" en la palabra de un reclamante en el anonimato? Algo está muy mal aquí. ¿La Santa Inquisición sigue persiguiendo judíos en México? —pregunto ella.

La mujer policía le aseguró que va a averiguar quién fue el que la acusó cuando se obtiene el permiso llamar a la embajada. En ese momento, agregó, también podrá contactar a su abogado para que él vendrá a ver con ella.

Unas horas más tarde regresó y le dijo que las personas que hicieron este reclamo contra ella se identificaron como "hermanos Moctezuma".

— ¿Los conoces?, —preguntó ella.

Angelina confirmó que conocía, que eran una familia de influencia política, pero vinculada a la delincuencia en México. Durante su primer año trabajando con PEMEX en México, un corredor mexicano quien representaba a la rica e influyente familia Montezuma, los propietarios de varias grandes empresas en México, expreso interés en nombre de sus clientes a invertir en la empresa de Angelina, aparentemente por consideraciones políticas.

Su cliente era el diputado federal de un poderoso partido político. El corredor explicó que, si este político pudiera afirmar que, al aplicar una solución de alta tecnología, él detendría el robo contra PEMEX, podría ascender rápidamente en los rangos de poder político, lo cual es muy importante para las empresas de la familia de él. Como esto estaba ocurriendo anteriormente de las elecciones federales y su partido político se estaba fortaleciendo en esas elecciones, Angelina pensó que tal relación podría ser mutuamente conveniente.

Excepto, que esto no sucedió. Su partido perdió las elecciones y Montezuma cambió sus planes. Todo lo que quería ahora era usar la empresa de Angelina para comprar otra empresa mexicana, que estaba en bancarrota. Angelina no había oído hablar de esta empresa antes, y la molesto, la rechazó esta idea de inmediato.

— ¿Por qué alguien, especialmente un político mexicano tan reputado, querría comprar un negocio mexicano en bancarrota en la sombra? —ella preguntó al corredor— y él respondió:

—La empresa en bancarrota tiene deudores, a quienes Montezuma quiere pagar transfiriendo fondos usando tu empresa, por ser registrada como una empresa extranjera en México. Él necesita proteger su reputación política. No te arrepentirás de ayudar a Montezuma porque su conexión personal con el director general de PEMEX aseguraría contratos mayores para tu empresa".

Angelina había deducido que Moctezuma quería pagar a alguien, para blanquear dinero, evitando al mismo tiempo su vinculación a este pago. Todo este asunto era una propuesta ilegal, peligrosa, ridícula, arrogante y deshonesta - a ella no le interesaba.

Ella rechazó la oferta. El corredor de Montezuma, un joven consultor de negocios cortés y de voz suave, continuó llamándola regularmente y pidiéndole reunirse con ella. Cuando se encontraron, él mencionó "en secreto" que la familia de su cliente era partidaria de Cuba desde hace mucho tiempo y que su patriarca había financiado la legendaria expedición "GRANMA". Granma fue el yate que se utilizó para transportar a 82 combatientes de la Revolución Cubana de México a Cuba en noviembre de 1956.

El propio Montezuma visitó Cuba regularmente y su trabajo fue fundamental para forjar relaciones bilaterales amistosas entre ambos países. Él tenía conocimiento sobre el trabajo oceanográfico de Angelina en aguas territoriales cubanas, muy publicitados en medios, y si Angelina cooperara, estaría dispuesto a convencer al Gobierno cubano extender su licencia de exploración en Cuba actualmente vencida. Esta referencia a Cuba y el intento mal concebido de Moctezuma de usarla a ella para lavar dinero, puso fin a todas consecuentes conversaciones con Moctezuma y su corredor. La respuesta de Montezuma fue que, en este caso, si ella no cooperaba, él se haría cargo de su negocio en México.

La descarada arrogancia y brutalidad de su respuesta era inconcebible para Angelina, ya que creía que México no era una jungla donde se podría hacer lo que uno quisiera, sino que un país con una constitución y un conjunto de leyes, incluidas las leyes que regulan la actividad empresarial. Por lo tanto, probablemente fue la expresión del machismo en la cultura mexicana, eso es todo. Ella no tenía tiempo para este tipo de entretenimiento salvaje por estar muy ocupada con el trabajo que hacer.

Ella contrató a Rolando Bueno, altamente recomendado como abogado corporativo mexicano para verificar la presentación y registro legal de su empresa en México en acuerdo con la legislación mexicana. Ella misma tuvo que salir de la Ciudad de México para iniciar la labor en Tabasco, donde su contrato con PEMEX había entrado en vigor. No se preocupó, confiada a la capacidad de Rolando Bueno, un joven abogado mexicano muy astuto, inteligente, competente, y altamente recomendado. Sin duda él haría un trabajo diligente para revisar y confirmar que la documentación de su empresa fue debidamente archivada en un registro formal mexicano corporativo.

Lo sorprendente fue cuando Rolando Bueno informó que descubrió una falsa resolución corporativa de su empresa con las signaturas falsificadas, incluida la propia suya, recién depositada en el Registro de empresa pública de la Ciudad de México. En este documento falso, Angelina aparentemente acordó transferir la gestión de su empresa a Montezuma. Rolando solicitó, las instrucciones de Angelina para extracción de estos documentos del Registro Público por contener la resolución falsa con las signaturas falsificadas.

Angelina reacciono muy indignada y quería demandar por la falsificación tan atrevida. Pero Rolando aconsejó no presentar ante la Corte Penal mexicano una demanda porque Montezuma tenía extremadamente poderosos amigos en el sistema jurídico mexicano. Dijo que, a pesar de todas las pruebas de la falsificación y la adulteración, sería muy difícil demostrar quien personalmente cometió ese crimen. También dijo que no es común para la empresa extranjera ganar en un tribunal mexicano contra una poderosa familia mexicana. Él personalmente, y cualquiera otro abogado temía a represalias violentas por parte de este poderoso político y su mafia. Además, Rolando no practica el derecho penal. El caso estaría fuera de su competencia.

Al recordar este ocurrido absurdo, Angelina se dio cuenta de que, si Montezuma era capaz de falsificar las resoluciones formales de su empresa, falsificar su firma, y archivar estas resoluciones en el Registro Corporativo Público, sin duda el también sería capaz de presentar otros reclamos y acusaciones falsas.

«Pero ¿cómo Montezuma se enteró de la llegada de Angelina a la Ciudad de México para asistir a la reunión con PEMEX? Obviamente, solo era posible si PEMEX fue infiltrada por la mafia».

Angelina confiaba en que Friedrich, siendo el director europeo en Siemens México, no podría estar trabajando con la mafia mexicana. Era más plausible suponer que alguien en PEMEX informo a Montezuma y su mafia. Los poderosos amigos de Montezuma en el sistema legal mexicano podrían haber ordenado a la policía mexicana de la PGR que detuviera a Angelina.

«Después de detenerme, Montezuma necesitaba inventar algunas acusaciones falsas. Aparentemente, él no logro inventar aún y es por eso que la retuvieron en la oficina de la PGR sin contacto con el exterior, incluida la embajada. Pues la tienen arrestada sin alguna acusación o cargo» pensó ella.

Reconoció que una vez más que «necesitaba un buen abogado.

»Esta vez la mujer policía tenía razón: debería ser un abogado penal. A pesar de que Rolando Bueno no practicaba el derecho penal, Angelina podía confiar solo en él porque él era una entidad conocida en este entorno completamente corrupto.

»Algunos otros abogados podrían estar de conectados en secreto con Montezuma. Ella necesitaba urgentemente la recomendación de Rolando para contratar un abogado penal de confianza.

Pensando de esta manera Angelina le pidió a la mujer policía que la ayudara a contactar con su abogado corporativo Rolando Bueno.

La mujer policía, ahora convertida en su amiga, esperó por salida de los agentes de PGR para su segundo desayuno y cerró las puertas del cubículo de Angelina antes de confesar, en secreto, que ella estaba convencida de que

Angelina fue una persona inocente, detenida ilegalmente. No había nada que ella podía hacer, porque ella era una madre soltera, y necesitaba este trabajo. Ella tuvo que obedecer órdenes. Sin embargo, ella estaba muy apenada por la situación de Angelina y le ayudaría a Angelina para llamar a su abogado, a pesar de las órdenes de sus superiores, al contrario. Nadie puede saber acerca de esta ayuda o ella perdería su trabajo.

Ella entonces ofreció usar su propio teléfono móvil y permitió a Angelina llamar a Rolando asegurando que nadie más en oficina se entera de la llamada. Fue una llamada larga realizada en voz baja, muy emocionante, pero también muy útil porque Rolando, también estaba indignado. Expresó su compasión y se comprometió a encontrar uno de los mejores abogados penalistas en México. «Un hábil y poderoso abogado costaría mucho dinero, pero vale cada centavo», dijo él.

Más tarde en el mismo día, se le permitió a Angelina llamar a su embajada utilizando el sistema telefónico oficial de la PGR. Algún oficial de embajada prometió contactar a su esposo Diego y aseguraron que un agente consular vendría a visitarla a las oficinas de la PGR. Su amiga policía mexicana le trajo agua embotellada, un cepillo de dientes, una manta, y una almohada pequeña, diciendo que pertenecía a sus hijos.

La representante consular de la embajada llegó a última hora de la tarde. Ella le informo a Angelina que la embajada no tenía jurisdicción en México, por lo tanto, no había nada que pudiera hacer por Angelina legalmente, excepto darle una larga lista de abogados, todos desconocidos para ella. Tampoco podría recomendar a cuál Angelina debería acercarse porque se consideraría que favorece a algunos de ellos. Ella le confirmo que el consulado contactará a Diego para informar sobre su detención.

A Diego no se le permitirán llamar a Angelina en las oficinas de la PGR, y él tendría que enviar dinero para que el agente del consulado aporte algunos elementos esenciales, tales como tarjetas telefónicas mexicanas. Si Angelina no podría llamar a Diego utilizando estas tarjetas, el consulado haría todo lo posible para vincular la llamada de Diego con una línea telefónica donde Angelina podría responder; de esta manera Angelina podría hablar con él directamente.

Ella habló con Angelina durante media hora y luego la oficial consular se fue, explicando que nunca había conocido a Angelina antes, y las acusaciones contra Angelina aún no se conocían, por lo que no tenía información suficiente para evaluar el caso. Ella dejó a Angelina con una lista de abogados mexicanos, pero sin respuestas.

De nuevo estando sola y de mal humor en su rincón del cubículo cuando ya muy tarde, entró apurado a su cubículo un hombre alto de treinta y tantos años, vestido con un costoso traje de negocios, guapo pero duro, con un aire muy serio, sombre y enfocado. Se presentó como Juan Honrado, un abogado de derecho penal que fue contactado esta tarde por Rolando Bueno. Este le había informado sobre el caso. Le gustó el caso, pero necesitan que discutir sus honorarios legales antes de cualquier compromiso. También quería saber si Angelina pudiera acelerar el pago de estos honorarios por adelantado y tendría que ser rápido, se apresuraría de inmediato a preparar la documentación requerida por el juez, declarando su caso inválido debido a acusaciones falsas.

Describió su bufete legal influyente y prestigioso donde trabajaba. ¿Angelina dijo que la referencia de Rolando era suficiente, pero tenía curiosidad por qué había tanta prisa con el pago? Juan explicó su apuro al decir que, de acuerdo con la ley mexicana, si el juez de la corte no ha revisado el caso dentro de las 48 horas, sobre base en documentos preparados por abogados penales acreditados para esta función, y si el juez no anuló la validez del caso dentro de estas 48 horas, el detenido tendría que ser trasladado a una prisión, donde él podría tener que esperar, al menos, un año o más hasta que su caso pudiera llegar al corte penal.

Al comprender la urgencia del asunto, Angelina aceptó su tarifa y agilizó el pago de inmediato. Sabía que no podía encontrar a nadie más tan bien posicionado e informado en tan poco tiempo. Solo le quedaban unas pocas horas antes de desaparecer en una prisión mexicana.

Esta vez Angelina pasó la noche durmiendo sobre el piso de su cubículo. Se sentía totalmente exhausta, sin embargo, por primera vez en dos días, pudo dormir. Ahora se sentía mejor y menos desesperada porque al menos llego entender el motivo de su detención y quién estaba detrás de la PGR en ambos casos: los incidentes del año anterior en Tabasco, y ahora su detención en la ciudad de México por acusaciones falsas, las cuales aún no lograron inventar.

5. Vea los piratas bizcos

Mira a los piratas tuertos sentados,
posados en el sol
disparando latas
con una escopeta de caño recortado,
y los vecinos aplauden
y festejan cada estallido.
Bob Dylan

A la mañana siguiente, Angelina se despertó renovada, con las sinceras esperanzas de que Juan Honrado pudiera detener esta crueldad sin sentido perpetrada por la policía antes de que expiraran las 48 horas. Comenzó a sentir preocupación una vez más sobre cómo recuperar su teléfono móvil para llamar a Diego y Friedrich, y cómo recuperar su computadora portátil antes de correr al aeropuerto para reclamar su equipaje.

«Quizás primero ella deba apresurarse a PEMEX para intentar explicar lo que le sucedió y tratar de reprogramar la presentación.

» Quizás, en cambio, tan pronto como reciba su teléfono móvil, debería llamar a Friedrich y pedirle que reprograme la presentación con

PEMEX mientras recupera su equipaje en el aeropuerto.

» No puedo aparecer en una reunión con PEMEX sin ducharse y cambiarse de ropa. Lo más urgente era cambiar sus zapatos de tacón alto porque son terriblemente incómodos, además necesitaba cambiar este nuevo y hermoso traje de negocios, pero ahora completamente arrugado.

Se sintió refrescante volver a los trivios normales del día laboral después de tanta ansiedad por la supervivencia; incluso si esto estaba ocurriendo solo en su mente. La pesadilla de confusión que gobernó durante los últimos dos días estaba a punto de terminar. De repente, pasando el pasillo después de que se restaura con agua fría en el baño, se dio cuenta de que Montezuma, entraba en la oficina de vidrio del jefe de los investigadores de la PGR. Él fue rodeado de sus propios guardaespaldas vestidos de negro, con el aspecto rudo de la mafia mexicana.

El jefe cerro las puertas de vidrio de esta oficina, lo que no impidió que Angelina viera que se estaban riendo a carcajadas, seguido por el jefe de la PGR escribiendo. Este ejercicio duró al menos 4 o 5 horas, hasta el final de la tarde. Durante todo este tiempo, Angelina continuó en régimen de incomunicación, sin que nadie entrara a su cubículo y ofreciera ayuda o comida.

Finalmente, en final de la tarde, Juan Honrado entró en cubículo de ella con una expresión grave en su rostro. Revisó los otros cubículos vecinos para asegurarse de que estaban vacíos y, satisfecho de que lo estuvieran, cerró la puerta y habló en voz baja. Sus noticias no fueron buenas. Le dijeron que el juez no podría revisar la validez del caso de Angelina porque las quejas en su contra aún no estaban disponibles. Angelina no podía entender este tipo de razonamiento.

— ¿Cómo era posible arrestar a alguien sin las acusaciones y la persona detenida acababa de llegar al país?

Juan estuvo de acuerdo con ella, pero dijo que en este momento no había nada más que pudieran hacer en el plazo de 48 horas. Repitió:

—Si por alguna razón el juez no pudiera revisar las acusaciones documentadas dentro de las 48 horas, la persona acusada sería llevada a la prisión.

» Después de eso, el juez tendría una segunda oportunidad dentro de las 72 horas desde el momento de la detención de revisar la documentación presentada por los abogados, especialmente acreditados para esta misión, y en el caso de una obvia equivocación, él sería capaz de aprobar la liberación del prisionero basado en evidencia comprobada.

» Teniendo en cuenta todo esto, es extremadamente difícil preparar pruebas para la defensa dentro de las 72 horas cuando no es posible responder a las acusaciones de que aún no habían sido presentados.

A la pregunta de Angelina sobre qué sucedería si el juez no pudiera resolver el caso dentro de las 72 horas, Juan respondió que eso significaba que Angelina tendría que esperar las audiencias de la corte.

«Para ese fin, tendría que pasar al menos un año, probablemente dos, en una prisión mexicana.

» Algunos prisioneros extranjeros habían estado esperando por dos años o más.

» Todo dependería de los ocupados que estuvieran los tribunales mexicanos, y actualmente había una gran cantidad de arrestos que los mantenían muy ocupados.

» Algunos prisioneros inocentes podrían ser liberados en un par de años, pero estos casos fueron raros.

Era demasiado para Angelina. Toda su esperanza se hizo añicos una vez más. Preguntó qué podía hacer para ayudar a Juan a presentar la evidencia necesaria, a pesar de la ausencia de acusaciones documentadas dentro de las 72 horas. Su respuesta fue que ella podría acelerar el pago. Tenía que pensar rápido.

«Ella podría desaparecer en la prisión mexicana por años. Le quedó claro que Moctezuma vino esa mañana a la oficina para inventar las acusaciones en su contra y falsificar su testimonio.

» También quedó claro que, si Montezuma había falsificado documentos antes, falsificando su firma, sería capaz de dar falso testimonio.

» ¿Por qué estaban haciendo todo eso? ¿Por qué habían querido asesinarla en Tabasco?

» Probablemente tenían miedo de que ella supiera demasiado y se negó a cooperar con ellos. No habían logrado matarla, pero podrían atraparla tarde o temprano. Es por eso quieren meterla en la cárcel, donde su mafia podría deshacerse de ella lo suficientemente rápido.

Ella ha decidido: —Yo debo explicar de manera realista la situación a mi esposo con la esperanza de que él sería capaz de recaudar los fondos necesarios, pero solo una parte de estos honorarios debe ser enviada de forma inmediata - previo de ver los resultados. El resto de los honorarios legales tendrán que ser enviadas a base de mérito. Por favor, deme su teléfono móvil y llamaré a mi esposo.

Juan le entregó su teléfono y ella llamó a Diego. No había tiempo para las emociones, necesitaba explicar el trato sobre la aceleración del pago de los honorarios legales, y Diego prometió hacer lo que fuera necesario para recaudar el dinero esta noche y enviarlo por transferencia bancaria en la mañana siguiente, o lo antes posible. Juan entonces le presentó una factura por un monto acordado como retenedor, que ella firmó. Él se marchó, disculpándose porque tendría que apresurarse para preparar los argumentos legales y presentar las pruebas requeridas al juez en las próximas 24 horas, es decir, a más tardar a la mañana siguiente.

Dos mujeres policías amistosas, incluida la que inicialmente arrestó a Angelina, le trajeron una hamburguesa y cola. Ellas parecían muy afligidas por las órdenes de llevar Angelina a prisión y expresaban su compasión; incluso las lágrimas corrían por sus mejillas. Angelina no podía ni llorar, ni entender cómo estas agentes policiales experimentadas eran capaces de llorar. Uno pensaría que deberían haber estado acostumbradas a estas circunstancias extremas, y no podrían mostrar alguna emoción, pero no fue el caso con ellas.

Angelina pensó que quizás los mexicanos eran personas muy sentimentales, ya que el conductor mexicano de Angelina, que casi perdió la vida junto con ella en Tabasco, también lloró como un niño cuando sintió que tenía que abandonar a Angelina para enfrentar su suerte sola.

Las amistosas policías respondieron la cuestión de Angelina sobre su teléfono móvil y su ordenador portátil, que los agentes de PGR seguían revisando sus contenidos. Por no tener algún amigo o familiar en la Ciudad de México, quien enviaría la ropa o dinero, las pidieron que Angelina diga que lo necesitaba de urgencia para que ellas compran esas cosas con sus propios medios y le enviarían a la cárcel el día siguiente. Angelina sintiendo agradecida pidió sandalias planas para reemplazar sus zapatos de tacón alto, junto con una camiseta, una sudadera y una toalla.

Las mujeres describieron «las duras condiciones y las personas muy difíciles» que ella podría encontrar en una prisión, y le aconsejaron que «se mantuviera alejada de las multitudes de prisioneros, porque en tales hacinamientos, podrían actuar violentamente».

A las once de la noche, Angelina fue escoltada al auto que esperaba en salida. Las amistosas policías de esa oficina vinieron con Angelina para despedirse. Este auto de la policía la llevaría al Reclusorio de Santa Martha Acatitla. Increíblemente, pero cierto, y para sorpresa total de Angelina, a ella pareció que las mujeres que vinieron a despedir de nuevo tenían lágrimas en sus ojos. Esta emoción de las policías asombro a Angelina, pues en transcurso de su detención ella no fue capaz de lágrimas, solo de profunda descompostura.

6. Los muchachos malos siempre ganan

Las sotas y las reinas
han abandonado el patio real.
Cincuenta y dos gitanos
se presentan ahora ante los guardias
Bob Dylan

Los policías quien venían en el carro no le dijeron a Angelina a dónde iban. Con las ventanas oscurecidas, no podía ver la ruta, pero ella dedujo por los movimientos accidentados del automóvil que era un área agrícola. Este viaje les llevó aproximadamente una hora y media, por la cadena volcánica en la región montañosa de la Sierra de Santa Catarina. Llegaron al Reclusorio de Santa Martha Acatitle a las 12:30 a.m.

Angelina observó una torre de vigilancia sobre los largos y altos muros de bloques de hormigón con alambre de púas. Al bajar del carro la llevaron a un baño sucio y semiabierto en la entrada del Reclusorio y le dijeron que se quitara toda la ropa, excepto la ropa interior. Ella lo hizo, pensando que se pondría el uniforme de la prisión. Pero un montón de ropa sucia de color beige, manchada con heces humanas era la única opción que le ofrecían las guardias. Ni siquiera podía tocarlos, y se negó. La guardia le dijo que «tenía que usarlos porque esta prisión en particular se distinguía que todas presas usaban ropaje beige. Era la marca registrada del Reclusorio y Cereso de Santa Martha Acatitla.

La temperatura en la Ciudad de México era helada, bajo cero por la noche. Tenía mucho frío y aún le dolían los pies por los tacones altos. Apenas podía ponerse de pie, pero no aceptaría la humillación y el asco de llevar ropa tan sucia. La guardia la castigó haciéndola esperar casi desnuda en el baño frío y sucio por casi una hora. Una vez que quedó claro para la guardia que Angelina no iba a cambiar de opinión, le trajo un chándal que parecía más limpio pero que era muy pequeño. Apenas podía cerrar la cremallera frontal y los pantalones quedaron demasiado cortos. Aun así, estaba razonablemente limpio y, a pesar de su ridícula apariencia con tacones altos, se negó a dejar sus zapatos cuando se le pidió que caminara descalza.

La guardia ahora miraba a Angelina con más respeto y comentaba que Angelina era una mujer afortunada porque iban a meterla en una celda con mujeres ancianas en parte del cereso. Esta celda estaría menos ocupada y más tranquila.

Caminaron por los estrechos pasillos, cercados a ambos lados con pesadas puertas que bloquean el paso cada docena de metros. Continuaron caminando a través de este laberinto, aparentemente eterno, hasta que llegaron a un edificio de concreto, donde subieron una estrecha escalera al cuarto piso y entraron en otro estrecho y oscuro corredor, donde las celdas estaban protegidas por barras de metal a ambos lados. La guardia tomó su gran juego de llaves y abrió la enorme cerradura de las barras de una de las celdas.

Las mujeres dentro de la celda se despertaron del fuerte ruido que hacía la guardia y no estaban contentas con eso. Ellas gritaron:

— ¿Por qué traes a más personas aquí cuando sabes que ya tenemos 11 mujeres y solo 4 camas?

—Cállate, —respondió la guardia— y la empujó adentro, cerró las pesadas puertas de barras de metal. Angelina se encontró de pie en una pequeña celda de hormigón sin ventanas con 4 camas y muchas otras mujeres en todas partes en el piso. No podía entender dónde y cómo podía acostarse; no había espacio en ese piso.

Ella intentó golpear las puertas en protesta a guardia:

—Por favor, dime dónde se espera que me acueste, —gritó.

Las mujeres en la celda le pidieron a Angelina que detuviera el ruido e hicieron un lugar para ella se acomoda en el piso al lado de la letrina. Una anciana de cabellos blancos se levantó de la cama y puso su propio delgado colchón de espuma en el suelo. Explicó que tenía dos colchones para su cama porque los alambres de su cama atravesaban el colchón individual. Angelina estaba tan horriblemente exhausta que no discutió demasiado y aceptó esta amable oferta. La letrina olía horriblemente porque, como explicaron las mujeres, estaba bloqueada. Angelina se dejó caer sobre ese colchón en el suelo para descansar al menos los pies, que todavía le dolían.

Para su sorpresa, ella se durmió hasta las cuatro de la mañana, pero tan pronto se despertó, su cerebro comenzó a pensar acerca de cómo informar a su abogado, a la embajada, y a su esposo donde ella se encontraba. A las cinco de la mañana las otras mujeres en su celda comenzaron a levantarse y, por supuesto, todos ellas necesitaban usar la letrina. No fue un simple ejercicio para 12 mujeres usar esta única letrina. Todas las mujeres fueron mayores, con Angelina siendo la más joven. La mayoría de ellas estaban en sus 70s y dos de ellas en inicios de sus 80's.

Fueran muy consideradas, respetuosas y atentas a cada una de ellas, lo cual era difícil en esas atroces condiciones. Ellas se presentaron respetuosamente y preguntaron de donde venia Angelina y cómo llego ser arrestada.

Angelina contesto que ella no estaba segura, porque fue recogida por la policía a su llegada a México, y ni ella, ni su abogado pudieron ver los cargos en su contra o una orden para su arresto. Las mujeres en su celda solamente intercambiaron entre sí miradas de comprensión y compasión. Estaban acostumbradas a que la policía mexicana faltaba respeto a las leyes y abusaron de las mujeres.

Cuando a las 6 de la mañana vino un guardia y abrió las pesadas puertas de su celda, Celia, una de las mujeres de la celda, quien le dio el colchón de noche, se tomó la responsabilidad del cuidado sobre Angelina. Aconsejó a Angelina para que ella vendrá a desayunar. El desayuno se servía a la entrada del piso, aunque solo para aquellas mujeres que tenían su propia bandeja y cuchara. Angelina no lo tenía, y dijo que no fue hambrienta. Ella dijo que prefería tratar de ponerse en contacto con su abogado para hacerle saber dónde se encontraba.

Pero Celia explicó que «ella debe comer todo lo que sea posible hoy, porque hoy sería su última comida caliente en cuatro días». Cuando Angelina preguntó por qué, Celia respondió que «mañana comienza una fiesta nacional, la celebración de Nuestra Señora de Guadalupe, abarcando este año cuatro días en lugar de los dos habituales: jueves y viernes, once y doce de diciembre, durante cuales tendrán lugar enormes procesiones públicas.

»Este año se agrega el sábado y el domingo, produciendo cuatro días completos de feriados nacionales.

»A todos los empleados públicos se les concedieron vacaciones, por lo que los guardias, cocineros y otro personal administrativo ya habían anunciado que no vendrán a trabajar.

»Por lo tanto, las celdas de los presos iban a estar encerradas todos cuatro días. A las prisioneras se les daba agua y algunos bocadillos fríos, pero no la comida caliente. Angelina fue conmovida por la traumática contrastes de esta historia: las ancianas mexicanas seguramente son las madres de familias, y permanecerán encerradas en sus celdas durante cuatro días para permitir las procesiones religiosas en el nombre de la madre mexicana simbólica de la Iglesia Católica, Nuestra Señora de Guadalupe. Tal insensibilidad la hizo aún más ansiosa por llamar a su abogado. Una flagrante y maligna hipocresía criminal del estado machista.

Preguntó qué podía hacer, y Celia ofreció tomar su propia comida rápidamente, a continuación, pasar a Angelina su bandeja y cuchara. Una mirada al desayuno y Angelina comprendido por qué las presas son tan grandes. Enormes bollos de pan frito azucarados servidos con una mezcla artificial de jarabe de zumo, y la taza de café acuoso. Ella tomó el café, pero nada más. Sería mejor intentar llamar a su abogado.

Mientras ella estuvo buscando como llamar al abogado, vino un guardia y le dijo que a ella no se pudo registrar anoche, ya que la oficina administrativa fue cerrada cuando ella llegó. Por esto debe venir con él para este propósito ahora. La llevó a través del interminable laberinto de corredores y pasillos exteriores, de regreso al edificio administrativo, donde le tomaron fotografías y huellas digitales. Fue un procedimiento curioso llevado con el desprestigio y la indiferencia burocrática. Cuando regresó a su celda, se ha sentido dolor en sus pies por culpa de nuevos zapatos con altos tacones. Todas las mujeres habían terminado su desayuno, estaban sentabas alrededor de larga mesa y preguntaron por curiosidad qué había traído a Angelina a esta prisión.

Angelina explicó que lo que le había ocurrido era un error, porque fue detenida tan pronto su avión llegó a México. Incluso si ella hubiera querido, no tenía tiempo para cometer cualquier delito. Ella también le dijo que había contratado a un abogado quien podría aclarar este error. En su turno pregunto:

«¿Mientras tanto, se podría decir lo que había sucedido a ellas? ¿Por qué ellas fueran encarceladas y por cuánto tiempo?»

Las mujeres sentadas alrededor de la mesa respondieron que estaban muy contentas de compartir sus historias con Angelina y sus historias pusieron Angelina a la vergüenza. «Cada una de ellas eran víctimas de la corrupción y la brutalidad policial. La mayoría no tenían familia con la residencia en la Ciudad de México y aquellas que tenían algunas familias eran muy pobres y sus familias no tenían recursos para pagar a los abogados.

»La razón por la cual estas ancianas fueron detenidas era simplemente para garantizar un premio monetario a los policías mexicanos, investigadores y fiscales anunciadas en "La Iniciativa Mérida"', la cual fue un tratado de seguridad para combatir narcotráfico entre Estados Unidos y México firmado en 2008. Este fue un premio de 10.000 pesos para cada narcotraficante arrestado en México. A ese propósito, dos millones de dólares EE.UU. anuales inmediatamente fueron asignados a la oficina de la PGR en la Ciudad de México.

»La adjudicación monetaria era demasiado tentadora para los policías corruptos. Ellos desarrollaron su propio plan para obtener estos premios, lanzar una búsqueda de ancianas, preferentemente a las viudas. Tras localizarlos, los agentes de policía asaltaban en sus domicilios para detenerlos.

»Los policías plantaban una pequeña bolsa con marihuana, lo cual sería suficiente para inculpar el tráfico de drogas. Durante arresto para asustar las ancianas les abusaban y golpeaban a todos presentes en su domicilio. Cualquier persona, quien estuvo alojado o visitando la casa en este momento, también percibía abuso.

En el caso de Celia, »su nieta de 14 años, quien era huérfana, vivía con su abuela cuando los policías asaltaron el apartamento con sus armas empuñadas. Las ambas fueran tiradas al piso, y los policías golpearon a ellas violentamente durante la detención. Esta violencia no fue justificada. »Celia no sabía si los policías tomaron la ventaja de su nieta sexualmente después de que ellos se llevaron la abuela a la estación de policía. La nieta todavía está aterrorizada, y se negó hablar con ella, o incluso, visitar a su abuela en la cárcel.

»La razón principal por la que la policía mexicana destino las viudas ancianas es porque estas mujeres son demasiado pobres para contratar algún abogado penal argumentar su caso en la corte, y no tienen familia, quien podrían permitirse el lujo de hacerlo en su nombre. Los policías mexicanos están mal pagados, y compiten entre sí por el dinero del premio.

Angelina supo posteriormente desde la página de internet del Consulado de Estados Unídos llamada "La Iniciativa Merida", que un total de 2,3 mil millones de dólares EE.UU. fueron asignados en 2008 en virtud de este acuerdo y fueron destinados a financiar la compra del equipamiento para policía mexicana, la capacitación de ellos y para atrapar a los traficantes de drogas en México.

Estos acontecimientos resultaron en que, la celda de Angelina, lo mismo que otras celdas de la prisión, de pronto aparecieron terriblemente superpobladas. El pensamiento que las pobres viudas ancianas en otras cárceles de otras regiones de México posiblemente corrieron el mismo duro golpe de suerte, cruzo su mente.

— ¿Cuánto tiempo hace que ustedes están aquí arrestados? — preguntó Angelina. Sus respuestas conmocionaron nuevamente a ella: la mayoría de las mujeres ya han pasado más de un año de prisión. Tampoco estas mujeres sabían cuando sus casos irán a la corte, ya que ellas no tenían dinero para contratar los abogados privados por ser costosos. Los abogados proporcionados por el estado mexicano estaban reservados para los años venideros, y no se interesaban en argumentar para estas pobres mujeres contra su propio empleador - el estado mexicano.

Mientras las mujeres en su celda fueron describiendo sus experiencias a Angelina, una chica rubia vestida en beige llegó llamando el nombre de Angelina en la entrada de su celda.

—Sí, soy yo. ¿Cómo te puedo ayudar? —respondió Angelina.

—El administrador solicitó su presencia porque llego una llamada telefónica de tu embajada. —explico la mensajera.

Angelina y la mensajera salieron corriendo a lo largo de los pasillos y corredores hasta que llegaron a la oficina administrativa. En cada una puerta de su camino esperaba un guardia quien preguntaban "a dónde iban, y por qué estaban apuradas".

Entraron en una pequeña oficina con cuatro escritorios del personal administrativo. La joven mensajera llevó Angelina hasta un alto, hombre rubio, delgado, de piel clara, en sus últimos treinta años. Tenía una expresión furiosa y estaba muy descontento de que su oficina estaba perturbada con llamadas telefónicas destinadas a una presa.

Tres otras oficinistas también se encontraban trabajando en la misma oficina. El administrador airadamente advirtió a Angelina que, “si la embajada llamara de nuevo, ella tendría que utilizar un teléfono en otro escritorio y en este caso sería permitida hablar por tan solo 2 minutos”.

En breve, otro teléfono sonó en el escritorio del administrador. Después de una breve introducción, el administrador paso el teléfono a Angelina. Fue la misma funcionaria consular quien visito a Angelina en las oficinas de la PGR en la Ciudad de México. Ella ha llamado a las oficinas de la PGR y le dijeron a donde Angelina fue llevada. El motivo de su llamada fue facilitar una conferencia telefónica con Diego a través de la embajada.

La voz de Diego entró en línea, preguntando cómo estaba, qué necesitaba y si su abogado habló con ella para decirle que Diego logro transferir el pago inicial que le permita iniciar su defensa inmediatamente.

El administrador se hizo muy agitado. Él exigió finalizar la llamada, y cuando ella se negó, él simplemente tiró el cable desde la toma y le cortó la línea. Gritó incontrolable que «los delincuentes no tenían derecho utilizar su teléfono de oficina ya que este está asignado a funciones administrativas».

Cuando Angelina intentó protestar que «no era un criminal, sino una persona inocente arrojados en esta prisión por error, y que ella no inicio la llamada, fue la embajada que llamo», él respondió con un inexplicable odio:

—No me importa si eres o no culpable. Para mí, tú eres un criminal, y no me importa su embajada. Lo mantendré en esta prisión bajo las mismas condiciones que todas las demás, y por mucho tiempo, y usted puede estar segura acerca de eso.

Angelina se sorprendió. «Yo no le dijo nada grosero para provocar tanta ira y crueldad. ¿Por qué se comportó así con una mujer extranjera ahogada en la desgracia?»

Ella rápidamente se retiró por la puerta y se fue, pensando en la urgencia de contactar a su abogado. Al regreso a su celda, se sintió más cómoda caminando por los corredores de copia de carbón con puertas de servicio pesado, y comenzó a conversar con su joven mensajera rubia.

A su pregunta sobre quién era esta joven y qué estaba haciendo aquí, la joven simplemente respondió que fue sentenciada a 44 años de prisión, y que se ofreció como voluntaria para ayudar al administrador porque reduciría su sentencia, le daría algunos privilegios y ayudaría en su batalla contra el aburrimiento.

Cuando Angelina preguntó por el motivo de su sentencia, se mostró evasiva y simplemente declaró que la habían acusado de delitos de drogas; ahora había aprendido el precio de vivir de la manera incorrecta. Angelina no podía creer lo que oía al pensar en «cómo esta joven, bonita y dulce niña que también parecía educada, podría recibir una sentencia de 44 años en esta prisión. Este lugar con el nombre de Santa era en realidad un infierno satánico».

7. Viva la madre muerta!

Las sotas y las reinas
han abandonado el patio real.
Bob Dylan

Al regresar a la celda, Angelina no pudo encontrar a sus compañeras de celda. Estaban en la cantina, donde ellas se reunieron. Las mujeres de otras celdas, abarrotadas igual a la suya, también se encontraban en la cantina para charlar sobre las celebraciones de Nuestra Señora de Guadalupe (Virgen María mexicana). Fue muy interesante para Angelina escuchar sus diferentes versiones.

Los defensores de la versión oficial insistieron en que Juan Diego, un nativo azteca que vivía en el momento de la conquista española de México, fue visitado por una aparición de la Virgen María el 9 de diciembre de 1531. En su visión, le dijeron que construyera una Iglesia gigante exactamente dónde estaba parado. Hoy, aquí es donde se encuentra la Basílica de Guadalupe. Nuestra Señora de Guadalupe, una Santa Católica y una réplica mexicana de la Virgen María, es la deidad más importante para los fieles ciudadanos mexicanos. Cada año, miles de peregrinos religiosos de todo el país viajan a la Basílica de Guadalupe, una gran iglesia ubicada en la Ciudad de México. Si bien la mayoría de las personas pasarán al menos unas pocas horas en la iglesia, también activan fuegos artificiales, marchan en desfiles y asisten a actuaciones musicales en vivo. Al terminar la misa de la mañana, las fiestas ya están comenzando, algunas de las cuales incluso incluyen corridas de toros. Esta versión de la Virgen María nativa de México se considera muy sagrada por los católicos mexicanos, quienes creen que ella puede hacer milagros y responder a las oraciones de los fieles.

El argumento de las otras reclusas levantaba discurso sobre el circo de entretenimiento público producido en todo país inmediatamente después de los servicios religiosos porque este año las celebraciones de Nuestra Señora de Guadalupe permitieron el personal administrativo de la prisión dejar trabajo durante los cuatro días. Esto dejó a las reclusas estar, a partir de mañana, encerradas en sus celdas y sin comida caliente durante cuatro días.

Las reclusas sentían angustiadas que iban a ser *corderos sacrificases*, durante cuatro días, en función de las madres Chingadas vivas, mientras se celebra la Virgen Madre muerta. Angelina reflexionó que tal ocurrido representaba la mayor hipocresía cultural que la mente humana podía producir contra las mujeres y el mismo principio materno.

La historia de Nuestra Señora de Guadalupe apareció durante la conquista espiritual de México. La conquista militar de Cortez ya se había logrado, pero la población nativa continuó rebelándose esporádicamente contra sus señores españoles, quienes los sometieron a grandes sufrimientos de trabajos forzados, enfermedades, hambre y humillación. La historia consta que solo el 3% de los nativos mesoamericanos sobrevivió la conquista. A fin de mantener a los supervivientes esclavizados, la población mesoamericana fue obligados a someterse a la Iglesia Católica Romana resultado que las potencias imperiales europeas encargaron una conquista espiritual. Así cómo los nativos americanos sustituyeron a Tonantzin, "Nuestra Madre", la diosa azteca de la fertilidad, por la Basílica de Guadalupe.

Los nativos mesoamericanos aceptaron la nueva diosa femenina porque sus propios dioses masculinos, Quetzalcóatl y Huitzilopochtli, fueron derrotados por la invasión española. Fue el final de su anterior mundo aborigen, que solicito una urgente necesidad de renovación espiritual cósmico, y un regreso a sus antiguas deidades femeninas. La iglesia aprovechó esta oportunidad para sustituir la deidad nativa

Tonantzin con Nuestra Señora de Guadalupe. Nadie podría caracterizar esta conquista espiritual mejor que el brillante Premio Nobel Mexicano, Octavio Paz:

"La Virgen católica también una Madre (Guadalupe - Tonantzin la llaman aún algunos peregrinos indios), pero su atributo principal no es velar por la fertilidad de la tierra sino ser el refugio a los desamparados. La situación ha cambiado: no se trata ya de asegurar las cosechas sino de encontrar un regazo. La Virgen es el consuelo de los pobres, el escudo de los débiles, el amparo de los oprimidos. En suma, ella es la Madre de los huérfanos.", (El laberinto de la Soledad, p. 93).

De esta forma el enorme continente mayormente poblado por indígenas mesoamericanos fue mantenido esclavizado y obediente, no solo por los conquistadores españoles, pero después de la revolución de la independencia, por sus nuevos señores: criollos (españoles nacidos en México) y mestizos (personas de sangre mixta, nacido en México).

"Por contraposición a Guadalupe, que es la Madre Virgen, la Chingada es la Madre violada. Se trata de figuras pasivas. Guadalupe es la receptividad pura, y los beneficios que produce son del mismo orden: consuela, serena, aquieta, enjuga las lágrimas, calma las pasiones. La

Chingada es aún más pasiva. Su pasividad es abyecta: ella no ofrece resistencia a la violencia, es un montón inerte de sangre, huesos y polvo. Su mancha es constitucional y reside, según se ha dicho más arriba, en su sexo. Esta pasividad, abierta al exterior la lleva a perder su identidad: ella es la Chingada. Pierde su nombre; no es nadie ya; se confunde con la nada; ella es Nada. Y, sin embargo, ella es la atroz encarnación de la condición femenina." (Octavio Paz, El laberinto de la Soledad, p. 94).

Transformada en la Nada: esto es lo que Angelina también sintió después de que la policía de la PGR la arrestó y la mantuvo incomunicada.

«No es de extrañar que esta cruel condición de la madre haya producido una nación discapacitada cuyos hijos viven en violencia y miedo.

» Simplemente no hay futuro para una cultura tan cobarde y misógina, y no mejorará de pronto, pensó Angelina, recordando a sus propios empleados mexicanos, con quienes conversó durante sus largos viajes en automóvil por México.

» Balam Chan y su esposa, con sus dos hijos pequeños, asistieron a la iglesia rigurosamente, a pesar de las dificultades para llegar a la iglesia ubicada muy lejos. Balam era orgulloso y confiado de que Nuestra Señora de Guadalupe lo mantendría a él y a su familia a salvo.

» ¿Quién lo culparía de una superstición si lo mantenía cuerdo?

» ¿Pero esta pasividad le permitiría a él y a su país pasar de una mentalidad medieval a tiempos más progresivos? Angelina no estaba convencida.

Mientras tanto, no tenía derecho a cuestionar sus convicciones; aun así, compró una computadora para los niños de Balam, con la esperanza de que estos niños rompan el círculo vicioso de la ignorancia y el miedo. Ahora la tristeza de este cinismo y perversión moral la repelía.

«Es mejor ser una "Madre muerta" que una "Madre viva" en México porque "la Madre viva" puede despreciar a sus hijos cobardes, mientras que "la Madre muerta" solo consolará y calmará».

8. El cambio de color del cielo que debo dejar

Las ametralladoras rugen,
las marionetas empujan rocas,
los demonios clavan bombas de tiempo
a las manillas de un reloj,
Bob Dylan

Otro mensajero - un chico de guardia, llegó al piso de la cantina preguntando por Angelina. Esta vez lo del abogado de Angelina, quien vino a verla y esperaba por ella en la ventana del visitante. El mensajero se ofreció llevar hasta allá. El hecho de que su abogado sabía dónde estaba, y él realmente vino a verla en la cárcel era la mejor noticia desde que Angelina llegó a esta prisión.

Angelina con la sensación del segundo aire, y se arregló para precipitarse de nuevo detrás del mensajero, a pesar de su sangrienta ahora los talones, a través del laberinto de los pasajes de eslabón de la cadena y corredores. Llegaron a una habitación con un estrecho espacio dividido por pantallas de malla metálica con espacio suficiente para una sola persona a la vez. Angelina no pudo ver quién estaba detrás de la rejilla de metal, pero podía oír la voz de Juan Honrado.

Él hablaba muy rápido. Angelina escuchó con dificultad. Trajo una parcela, diciendo que este paquete fue un regalo personal de la amiga suya en la oficina de la PGR en la Ciudad de México (obviamente referendo a la mujer policía quien ejecuto el arresto en el aeropuerto). También le dijo que esta amable persona gasto su propio dinero para comprar los esenciales necesarios para la estancia en la cárcel. El oficial de guardia en la salida de la sala de visitas le entregaría la dicha parcela. Añadió que Diego lo llamó, y convinieron en que Juan iba a hacer su mejor esfuerzo para obtener el juez para examinar su caso. Dijo que, Angelina no debe escuchar los consejos de alguien o incluso las órdenes de salir, mientras estaba en prisión, porque podría ser sumamente peligroso para ella.

Incluso si los guardias le ordenan al salir de la cárcel, su respuesta siempre debe ser que ella iba a ir cuando su abogado viene a recogerla. Tras estos breves consejos, le dijo que tenía que apurarse para coger el juez hoy, o Angelina sería atrapada en esta prisión durante uno o dos años. Él se fue, y el guardia entregó a Angelina un paquete que contenía los esenciales cuidadosamente compradas por la amistosa policía de PGR en la Ciudad de México.

Esta vez, regresando a su celda Angelina se arrastró detrás de su mensajero por que le dolían mucho los pies y le sangraban los talones. Los zapatos de tacón alto definitivamente no fueron diseñados para las cárceles. Al llegar a su celda, abrió el paquete y encontró un par de sandalias de plástico beige, una camiseta beige, una chaqueta acrílica beige, una toalla, jabón y papel higiénico; artículos que ella necesitaba con urgencia.

En primer lugar, Angelina cambio sus zapatos de tacón por sandalias de plástico y después de eso, pudo pensar en lo agradecida que estaba con la amistosa mujer policía de PRG, cuyo nombre ni siquiera sabía. Ahora gracias a las sandalias, fue capaz pensar de nuevo como un ser humano.

Después de tres días sin ducharse, sintió que la ducha era la siguiente necesidad más esencial. Preguntó dónde se podía encontrar una ducha y le dijeron que estaba en un baño común de la cantina. Cuando llegó allí, estaba horrorizada por las condiciones insalubres de esta instalación de acceso abierto, sin puertas, con solo dos cabezales de ducha y una fila de mujeres esperando ante ella por tomar duchas. Solo agua fría fue disponible, y las mujeres se rociaban rápidamente en presencia de todos las demás que venían de la cantina. Tuvo suerte, fuera lo que fuese, el agua fría o el anuncio de una cena caliente, las mujeres frente a ella desaparecieron muy rápido.

Angelina decidió que sería mejor desafiar el agua fría que la incomodidad del cabello sin lavar, y aprovechó la oportunidad para ducharse sola, mientras todos los demás iban a comer. Pensó para sí misma que este era un sacrificio necesario que le permitiera sobrevivir en estas condiciones, al menos por un corto tiempo.

Cuando salió de la ducha, la cantina ya estaba cerrada. Echaba de menos el almuerzo y la cena. Sintiéndose mejor con sus sandalias de plástico, y con ropa limpia, Angelina descubrió que tenía mucha hambre. Sus compañeras de celda una vez más la cuidaron compartiendo su propia comida de la cena, que habían ocultado para las próximas dificultades durante las celebraciones de Nuestra Señora de Guadalupe. Estas mujeres eran los verdaderos ángeles santas. Al estar en extrema necesidad de sí mismas, todavía se preocupaban y querían ayudar a Angelina.

Mientras que ella estaba comiendo, la mensajera de la oficina de administración regresó llamando para venir con ella de inmediato. Angelina no había terminado de comer y le solicito esperar unos minutos, pero la mensajera rechazada porque era tarde y el administrador quería irse. Recorrieron una vez más los pasillos vallados. Esta vez fue más fácil porque tenía sandalias de plástico cómodas, ya conocía su camino y podía reconocer personalmente a los guardias en el laberinto.

Algunos de ellos ya la conocían y bromeaban con ella acerca de ir y venir a la administración todo el día. Sin embargo, esta vez fue crítico. El administrador con una expresión detestable y despreciada en su rostro dijo que acaba de recibir una orden del juez de la Ciudad de México para liberarla de inmediato. Con ese fin, Angelina debería seguir al guardia hasta la puerta de salida de la prisión, y eso debería hacerlo de inmediato, de lo contrario, se vería obligado a mantenerla en prisión durante las próximas vacaciones.

Angelina estaba sorprendida, pero muy satisfecha. «¿No fue este administrador intimidándola unas horas antes, amenazándola con mantenerla en prisión durante años? ¿Qué cambió su estado de ánimo?»

Preguntó si su abogado había venido a buscarla, pero el administrador no lo sabía y se enojó. Angelina pidió ver la orden de liberación, pero él también se negó. Se ha sentido amenazada y decidió salir de su oficina tan pronto como pudo. Siguió al guardia hasta la salida principal, esperando encontrar a Juan. Le recordó que Juan le había aconsejado que no saliera de la prisión sin él. Él no estaba allí.

Pregunto en la recepción acerca de su pasaporte y su ropa. La respuesta fue que ellos no sabían de sus pertenencias, y todo lo que le quitaron a Angelina cuando entró en prisión era ahora imposible de encontrar. Ella nunca imaginó que «las guardias de presión se atrevan a tal descarado robo de reclusas.

»Ahora, en lugar de su nuevo y elegante traje de negocios, ella tendría que salir a la ciudad con este ridículo atuendo con sandalias de plástico beige, su cuerpo apretado en una chaqueta beige ajustada, sosteniendo sus pantalones de chándal beige que no tenían una cintura elástica.

» Pero eso no es lo peor. Ella no tenía su pasaporte, ni su billetera con todas sus tarjetas de crédito y dinero, los que le quitaron en las oficinas de la PGR.

Ella concluido que su abogado tenía toda la razón;» ella debe negarse a salir de la prisión sin él, especialmente sin los documentos o dinero.

Y eso fue lo que hizo. Ella se negó, incluso si eso significaba que la mantendrían en prisión por las próximas vacaciones de cuatro días.

Los guardias fueron sorprendidos por su negativa y se enojaron con ella. La enviaron de regreso a su celda porque no tenían instrucciones sobre qué hacer con ella en caso de rechazo. No pudieron asumir la responsabilidad de sus propias decisiones y el administrador ya se había ido.

En su celda, las mujeres ya estaban encerradas tratando de dormir. Cuando Angelina regresó, todas las rodearon, ansiosas por saber qué pasó. Según la explicación sobre *auto de libertad* otorgada por el juez, le dijeron que ella no sabía de dichosa que estuvo en poder contratar un buen abogado quien aparentemente ya había producido buenos resultados. Destino de sus compañeras de celda fue mucho peor, y ella debería apreciar su buena suerte e irse a dormir al piso de la celda durante los próximos cuatro días mientras estarían encerradas, esperando el regreso de la administración de vacaciones.

Fue entonces cuando el guardia apareció nuevamente en el pasillo. Abrió las puertas de celda y le dijo a Angelina que esta vez, su abogado vino a buscar. Esta fue la noticia de que Angelina estaba realmente esperando. Ella abrazó en despidida a sus compañeras de la celda y seguido al guardia a través de los pasajes y corredores para la última vez. Sin embargo, en lugar de las puertas de salida principal donde Angelina recientemente habló con los guardias, ellos se trasladaron hacia las puertas de los empleados.

De hecho, Juan estuvo esperándola allí; muy orgulloso de su acontecimiento, pero siguió preocupado. Dijo que le logró lo imposible, obligando al juez a leer la defensa legal, preparada por él, argumentando absurdo arresto y falsas acusaciones contra ella. Elogió por ser correcta en siguiendo sus instrucciones cuando ella se negó a salir de la cárcel en ella porque corría el riesgo de ser secuestrada por segunda vez por la mafia de Montezuma. Él acomodado a Angelina en asiento trasero de su coche, le mando a doblarse hacia el suelo mientras ellos salieron por la puerta de empleados.

Tan pronto como salieron, explicó que los cómplices en la PGR ciertamente habían informado Montezuma acerca de orden del juez sobre orden de liberación de Angelina. Montezuma debe estar enojado porque no quiere su libertad. Ella representa para el más peligro ahora que antes.

Juan hizo un trato con los guardias del Reclusorio Santa Marta Acatitla para que le permiten salir con Angelina en su coche usando la salida de los empleados, porque él notó que, seis coches, probablemente con los bandidos, estaban esperando en las principales puertas de salida.

Aparentemente, Juan tenía razón, porque Angelina noto que algunos de los coches parados en la salida del Reclusorio echaron a perseguir el carro de Juan por más de una hora. Juan conducía su carro a toda velocidad a través de ciudad hasta centro de detención de inmigración. Durante viaje Angelina estaba recostada en el asiento trasero del carro preguntando si el carro era blindado para cuando las balas comenzarían a volar.

9. Bailan en el techo tango Valentino

King Kong, los enanitos
bailan en el techo
tangos del tipo de Valentino
mientras que el maquillista
cierra los ojos de los muertos
Bob Dylan

A la una y media de la madrugada, el automóvil de Juan Honrado, con Angelina en el asiento trasero, entró por las puertas del Centro de Detención de INM en la Ciudad de México. Juan los había llamado de su móvil de antemano, y abrieron las puertas, esperando su auto. A su llegada, los agentes llevaron a Angelina y a Juan a sus oficinas, donde Juan explicó la situación de Angelina a los oficiales del INM – Instituto Nacional de Migración. Juan le dejó que debiera recuperar el pasaporte de ella, mientras que ella fue llevada al dormitorio para las migrantes detenidas, donde se encontró con cuatro literas de camas. Todas estaban nuevas, pintadas con colores alegres, pero una sola fue ocupada por una joven colombiana. Angelina se felicitó por la gran mejora en su alojamiento y comenzó a conversar con la chica colombiana, quien dijo que fue detenida hace cuatro días por falta de los documentos migratorios, pero que se resolvería este asunto en breve, ya que ya había contratado a un abogado de migración para ayudarla.

En poco tiempo, el agente de migración llamó a Angelina porque Juan trajo su pasaporte y los funcionarios de INM estaban listos para documentar adecuadamente su entrada a México. Juan le informó a Angelina que tenían que quedarse en el Centro de Detención de INM porque los autos que los seguían desde la prisión aún esperaban parqueados en cercanía, probablemente con la expectativa de secuestrarla o matarla cuando salga del Centro. Angelina no podía entender cómo era posible que la mafia esperara por ella frente al Centro de Detención de INM en pleno centro de la Ciudad de México. «¿Por qué la inmigración no llama a la policía?» Luego recordó que, de hecho, fue la policía quien la arrestó inicialmente.

A las 3:30 a.m., los felices agentes del Centro de Detención anunciaron que Juan y Angelina podrían irse porque los autos sospechosos que esperaban afuera habían partido. Juan y Angelina inmediatamente aprovecharon la oportunidad y se fueron. Dieron vueltas alrededor de la ciudad hasta las 5 de la mañana para confundir cualquier automóvil que pudiera estar siguiendo. A las 5 de la mañana llegaron a la casa del asistente de Juan, quien, junto con su joven esposa, amablemente y valientemente les acordaron proporcionar su casa para Angelina hasta que ella pudiera partir de México.

Los anfitriones de Angelina, Gustavo y Marina vivían en una casa pequeña, pero elegante y moderna, en un prestigioso vecindario de la Ciudad de México, no muy lejos del despacho de abogados penal donde trabajaban Juan y Gustavo. Les eran de clase media alta, una pareja muy atractiva de jóvenes de veintitantos tardía, altos, rubios de tez clara, con un aspecto muy noble, pero mostrando cansancio por permanecer despiertos la mayor parte de la noche esperando la llegada de Juan con Angelina.

Angelina se sintió aliviada y agradecida por su hospitalidad. Al instante se sintió transferida de regreso al mundo real, donde una vez más pudo sentirse como un ser humano. Juan explicó que, a pesar del auto de libertad por el juez, la mafia conectada con la policía corrupta aún seguía.

Angelina, siendo todavía elevada con adrenalina, confirmó que entendía, pero quería saber desesperadamente cuándo podría llamar a su esposo para informarle de su liberación. Juan la obligó a acompañarla al estudio de Gustavo, a hacer la llamada de inmediato. Cuando Diego respondió, Juan con voz emocionada, orgullosamente le informó que "puso el mundo al revés" para obligar al juez a revisar el argumento que Juan preparó contra la detención de Angelina, para que el juez demora su partida a vacaciones de cuatro días dedicadas a las celebraciones de Nuestra Señora de Guadalupe.

—Si el juez no se hubiera tomado su tiempo hoy para revisar la detención de Angelina, estaría atrapada en la cárcel por mucho tiempo, —declaró Diego y aclaro:

» Debe tener en cuenta que hasta que nuestro banco en Nueva York reciba los honorarios restantes acordados, Angelina tendrá que permanecer en México.

» Por favor, no la llame directamente a su teléfono móvil, manténgase en contacto con ella a través de mí.

Le pasó el teléfono a Angelina, alentándola a convencer a Diego de que» le enviara el dinero rápidamente, antes de que la mafia la atrapara.

—Hola amor, soy yo y estoy libre de prisión. Lo siento, pero ¿cómo te estás manejando en esta situación estresante? —le dijo ella con tristeza.

—Si querida, es horrible. Cuando la embajada me llamó en medio de la noche, pensé que estabas muerta. Gracias a la rápida reacción de tu abogado, te tenemos libre.

— ¿Cómo te las arreglas solo en un tiempo tan caótico? ¿Y de dónde sacarás tanto dinero tan rápido?

—Bueno, ya sabes, desde el momento en que te fuiste, Zolinka se negó a comer en absoluto. Realmente me asustó, como si supiera lo que estaba pasando contigo. Temía que no sobrevivieras este secuestro por la policía mexicana —dijo él.

—La transferencia bancaria que solicitaron los abogados por sus honorarios es por una cantidad muy grande. Todavía no estoy seguro de ser permitido hacer una transferencia bancaria tan grande, y es muy difícil reunir esta cantidad tan rápido, pero haré todo lo posible para sacarte de México, querida. Por favor, no te preocupes y mantente a salvo — dijo Diego con mucha ternura.

Juan tenía prisa por irse, regresar a su casa y consultar con su oficina. Prometió regresar más tarde en la tarde para explicarle todas las complejidades del caso y lo que debe hacerse en el futuro inmediato. Antes de despedirse, Angelina le recordó a Juan buscar el teléfono móvil de ella, su billetera, su computadora portátil y su equipaje.

— ¿Podrías ayudarme a recuperarlos? Los necesito urgentemente para informar mis contactos.

—No. —respondió el—. No te aconsejo que te pongas en contacto con nadie. Solo nosotros tres: yo, Gustavo y Marina.

» La mafia que te persigue debe saber que todavía estás en México y trataran a secuestrarte o asesinarte. En cuanto a su teléfono móvil, billetera y computadora portátil, ya los he asegurado en mi oficina y se los traeré mañana. En cuanto a su equipaje, no estoy seguro de lo que le sucedió, lo comprobaremos en el aeropuerto. Adiós, —añadió él y se fue.

Gustavo y Marina llevaron Angelina a su buhardilla que tenía un pequeño espacio, con la cama y la ducha de agua caliente. Marina le trajo una taza con sopita de pollo, y aconsejó acostar para dormir en esta cama, la cual se parecía ser maravillosa siendo doble y vestida con ropa limpia, y le dejo, con la advertencia de que sería mejor si Angelina estuviera allí todo el tiempo. Angelina estaba tan agotada que enseguida se quedó dormida.

Cuando ella se despertó ya era tarde. Después de disfrutar una ducha caliente, llegó

Marina para preguntar de cómo estaba, y ofreció un almuerzo. La comida fue muy bienvenida. Parecía que, en los cuatro días de su detención, Angelina había perdido bastante peso. Cuando Marina se ofreció de forma voluntaria ir a la tienda para comprarle a Angelina un cambio de ropa, ella se vio obligada comprar la talla más pequeña disponible. Finalmente, Angelina podría deshacerse de sus pantalones de chándal beige, y pudo moverse sin tener que sostener sus pantalones con las manos.

Juan llamó a última hora de la tarde y reprogramó su visita para el día siguiente. Dijo que no necesitaban apurarse, debido a las vacaciones de Nuestra Señora de Guadalupe. Mariana se unió amablemente a Angelina por un tiempo, solo para explicarles que ella y su esposo tuvieron que visitar a su familia esa noche, y le pidió a Angelina que se quedara en el ático.

Angelina le pidió permiso para entrar en la biblioteca para recoger algo para leer, prefiriendo leer en lugar de preocuparse, sin poder ayudar a su situación. Encontró las historias cortas de Jack London, y pudo nutrir su espíritu con sus historias de persistencia humana y animal en la supervivencia. Aunque había leído estas historias antes, ahora podía identificarse con los personajes a la luz de sus recientes experiencias.

Juan Honrado llegó tarde a la mañana siguiente. Trajo consigo el teléfono móvil y la computadora portátil de Angelina. Comenzó felicitando a ella por su liberación y dijo:

—Yo y mis asociados, así como las amigas que hicimos en la oficina del fiscal general, estuvimos terriblemente preocupadas que usted no sea maltratada, porque muchas presas sufren maltrato físico e, incluso, torturadas en prisión. Esto le sucede con muchos presos y con las mujeres en particular. Nosotros temimos de maltrato por parte de la policía de investigación, los administradores, o incluso, los guardias para obtener confesiones falsas, extorsionar dinero, o simplemente por razones sexuales o sádicas. Mientras más tiempo pases allí, más oportunidades tendrán de abusar de ti. ¿Te encontraste con alguien hostil o agresivo contigo allí?

—Si. El administrador fue inexplicablemente hostil y grosero conmigo. Simplemente no podía entender por qué. Estaba usando una joven dulce como un mensajero, y ella me dijo que ella fue condenada a 44 años de prisión. ¿Cómo eso fue posible?

—No sé —dijo el—. Pero 44 años es una sentencia muy grave. Tenía que ser acusada de un delito muy grave para obtener una sentencia como esta, tal vez asesinato. Me alegra que te hayamos sacado antes de que algo horrible te haya pasado allí. Nunca se emitió un orden de arresto, por lo que la policía hizo este arresto arbitrario e ilegal. Dos días después de haber sido detenido a ti, Moctezuma apareció en la oficina del fiscal general para dictar a un investigador de la policía su queja, que no se apoya en ninguna prueba.

—Claro —contesto ella—. Le conté a usted que observé esta asquerosa escena en la oficina del jefe de investigadores de PGR cuando ellos se divertían riéndose inventando esta queja.

—Esta queja me fue dada solo después de que te llevaron a la cárcel, y de hecho parecía muy extraña y absurda porque se repiten en el mismo texto en más que 150 páginas —dijo el—. Ni el juez, ni yo tuvimos tiempo para leer este galimatías repetitivo, ni fue necesario para su liberación. De todos modos, no justificaría la detención, de acuerdo con la ley mexicana o internacional.

— ¿Como es? —pregunto Angelina.

—Un arresto sin orden judicial solo se puede realizar bajo dos escenarios: en el caso de delito flagrante, si el acusado fue atrapado en el acto de cometer un delito, o en el caso de una detención obligatoria previa al juicio, cuando hay una prueba de caso urgente, respaldado por evidencia suficiente que prueba que esta persona está intentando evadir el arresto huyendo del país.

» En tu caso Angelina, el caso urgente no era aplicable ya que Usted estaba llegando al país, no saliendo de él. Por esta razón, el juez ni siquiera necesitó leer ninguna queja contra usted o escuchar mi defensa rechazando estas quejas. Dado que la detención preventiva obligatoria en su caso fue ilegal, decidió ordenar su liberación sobre estas bases.

» Aun así, después de que el juez regrese de sus vacaciones, podría querer ver mis respuestas a estas quejas confusas de Montezuma. Por lo tanto, quiero que respondas a cada reclamo de Montezuma.

—Genial, —coincidió Angelina—. Algo que haré durante estas fiestas celebrando a Nuestra Señora de Guadalupe. Te agradezco tu esfuerzo. Lo has hecho bien, pero tengo otra pregunta, si puedo.

—Estaría encantado de ayudarte, —respondió Juan.

Angelina relató con gran tristeza los detalles horripilantes contadas por sus compañeras de celda y sus experiencias impactantes.

—Mis compañeras de celda compartieron conmigo sus historias que son increíblemente triste. ¿Me puedes aconsejar si se puede hacer algo por estas mujeres? Deberemos hacer algo. Estos policías cobardes, en lugar de arriesgar sus vidas luchando contra verdaderos delincuentes, prefieren fabricar pruebas contra inocentes viudas ancianas plantando las evidencias falsas para hacer un arresto y recibir un premio de 10,000 pesos por cada narcotraficante arrestado."

Juan la miró con una mirada penetrante.

—Sería difícil probar en la corte que la policía había plantado drogas y arrestado falsamente a estas damas solo para obtener la recompensa monetaria. No me malinterpretes, no digo que no sea cierto, lo único que digo es que sería muy difícil y, por lo tanto, costoso. Lo siento, a veces trato de ayudar, de manera gratuita, a individuos y organizaciones, incluso ocasionalmente a organizaciones internacionales, en los casos en que mi jefe me pide que lo haga.

— ¿Crees que sería posible plantear este problema con tu jefe? ¿Sentiría algo de compasión por todas estas madres mexicanas, que languidecen en las cárceles, víctimas de la pobreza y la avaricia criminal de la policía? ¿Incluso por el respeto simbólico a Nuestra Señora de Guadalupe? Por favor, intente lo mejor que pueda para abordar este asunto con él.

—Querida Angelina —advirtió Juan—. Si yo fuera tú, trataría de resolver tu caso primero antes de crear más olas. Estamos en América Latina, no en Estados Unidos, Canadá o Gran Bretaña. La cultura de aquí es muy diferente.

—Cuatro días de procesiones para conmemorar a la madre muerta, Nuestra Señora de Guadalupe, mientras se sacrifica a las Madres vivas que perecen en los agujeros negros de las cárceles mexicanas. Eso es diferente, —objetó ella.

—Pobres e ignorantes son las víctimas en todas partes. Déjame concentrarme en tu caso. —añadió el y se fue.

10. Cerrar los ojos de los muertos

Al día siguiente, Gustavo y Marina invitaron a Angelina a unirse a ellos para un almuerzo tradicional festivo en el comedor de su casa. Marina trabajó muy duro toda la mañana cocinando tamales y mole de pollo en la cocina. Muy delicioso, por cierto. Lo pasaron de maravilla hablando de su vida joven, su trabajo y la pasión de Marina: la cultura imperial rusa.

Recientemente Gustavo se graduó de la universidad con un título en derecho penal y ya tenía una buena posición en una prestigiosa firma legal. Llevaban casados solo un año y tuvieron la suerte de comprar esta casa nueva, pequeña pero hermosa, cerca de la oficina, lo que significaba que Gustavo no tenía que perder horas en el tráfico pesado de la Ciudad de México.

Marina, una hermosa, educada y fina joven de 22 años, disfrutó mucho de su nueva vida matrimonial, pero no planeaba tener hijos hasta que pudiera viajar a Europa, donde esperaba saturarse del arte y la cultura clásica creada por la civilización europea. Dijo que era el sueño de su vida y Gustavo le prometió un viaje que incluiría todas las capitales europeas, incluida San Petersburgo, donde quería visitar el Museo del Hermitage, el Palacio de Invierno y el Museo de Arte Ruso.

Angelina solo podía maravillarse ante tan altas aspiraciones culturales cuando fueron interrumpidas por el sonido del teléfono móvil de Angelina. Agarró el teléfono, pero cuando escuchó una voz masculina desconocida, sintió peligro y se la pasó a Gustavo. Intentó responder, y la línea se cortó, creando un clima renovado de miedo e incertidumbre. Gustavo le pidió a Angelina que regresara al ático. Cuando Marina más tarde se unió a ella en el ático, le explicó que Gustavo se fue a ver a Juan sobre esta llamada telefónica y que regresaría un poco más tarde. Mientras tanto, ella trajo dos tazas de chocolate caliente y por un tiempo, discutieron quién podría estar llamando al número de teléfono móvil de Angelina en México.

— ¿Marina, a menudo experimentas este tipo de miedo? Debe ser desconcertante, —preguntó Angelina.

—Es cierto, nunca sabemos si podemos dormir seguros en una ciudad plagada por delitos, y es por eso que compramos la casa en este vecindario. Es un barrio para los ricos y está mucho mejor protegido —respondió ella.

— ¿Protegido por quién? ¿No fue la policía del fiscal federal quien me secuestró?

—No, estoy hablando de los guardias privados empleados por los ricos. Están protegiendo a este barrio del secuestro —confeso Marina. Por esta razón, elegimos comprar un lugar muy pequeño que es más caro que una casa mucho más grande en otro lugar de la ciudad.

—Muy inteligente de ustedes —señaló Angelina—. La gente muerta no necesita una casa; a excepción de Nuestra Señora de Guadalupe - ella tiene la más hermosa Basílica en todo el país.

—De hecho! —Marina recogió la idea—. La veneramos más que a nadie. Puedes decir que nos identificamos completamente con ella y buscamos nuestro refugio en ella. Los mexicanos odiamos a los invasores extranjeros, pero amamos nuestro catolicismo.

—Seguro Marina, —noto Angelina—. No conozco la historia mexicana tan bien como los mexicanos, pero pensé que la Iglesia Católica Romana desempeñó un papel muy importante en la conquista de México.

—Sí, las personas sin sus dioses espirituales no pueden sobrevivir. Debido a que asistir a una ceremonia con hermosas canciones para

Nuestra Señora de Guadalupe es más fácil que estudiar para una carrera o trabajar en su tierra, nuestra gente elige asistir a la ceremonia.

— ¿Estás diciendo que son tan religiosos porque son flojos? —le preguntó Angelina.

—No, solo digo que nuestra gente estaba condicionada a pensar así. Es nuestra idiosincrasia, y es por eso que estamos detrás de las naciones desarrolladas —aceptó Marina.

—En realidad, estoy completamente de acuerdo contigo, Marina. He visto cómo viven los mexicanos y siempre me he preguntado por qué no han cambiado durante todos estos siglos. Todavía sacrifican víctimas a sus dioses y no siempre solo a las vírgenes; las tradiciones modernas son menos exigentes.

—Lo que está usted diciendo Angelina: ¿que el sacrificio, donde?

—En mi celda del cereso, hubo 11 mujeres de edad entre 70 y 80 años de edad. En otras células de mi piso, hubo más mujeres ancianas. Todas, o la mayoría de estas mujeres, fueron encarcelados por cargos falsos, porque los policías sabían que eran viudas y pobres. Los policías les maltrataron y abusaron de ellas durante la detención, para asustar, así como plantearon pequeñas bolsas con marihuana con el fin de reclamar una recompensa de 10.000

pesos (US$660) por cada detenido traficante de drogas.

«La mayoría de estas mujeres han pasado años en prisión sin juicio, perdiendo todo, incluida la familia restante, porque sus hijos no pueden permitirse el lujo de ayudarlas o contratar a un abogado y se sienten asustadas y avergonzadas.

» Los buenos católicos los investigadores y policías que arrestaron a estas vivas Madres mexicanas, ahora se tomaron cuatro días de vacaciones para celebrar los servicios y las procesiones por la difunta Virgen Madre Nuestra Señora de Guadalupe.

» Estas mujeres son víctimas inocentes o, si son culpables, seria con cargos muy menores de posesión de marihuana. Son torturados físicamente y psicológicamente en horribles condiciones de prisión para obtener sus confesiones falsas.

—Me hiciste un cuento terrible, Angelina. No me gusta pensar o hablar así. Prefiero optimismo y bellas artes. Pensamientos como estos me deprimirían; eso no ayudará.

—Tienes razón Marina, —admitió Angelina—. Me sentí absolutamente horrible al dejar a estas pobres mujeres ancianas en la cárcel, pero no hay nada que pueda hacer para ayudarlas desde adentro. Ahora espero poder llamar la atención sobre su situación a alguien competente. ¿Crees que tú y algunos de tus amigos estarían interesados en recaudar un fondo de caridad para asistencia legal para estas pobres mujeres que perecen sin sentido en la cárcel?

—Te deseo suerte, Angelina, pero personalmente no hay nada que pueda hacer. Como les estaba explicando antes, me estoy preparando para nuestro viaje a Europa el próximo mes. Necesito algo estimulante para mi espíritu. Mis amigas y yo no estamos interesados en debatir la cuestión de los traficantes de drogas. La mayoría de las mujeres en mi círculo están interesadas en bellas artes y emprendimientos nobles.

Podían escuchar a alguien abrir la puerta debajo de ellos en la casa. Marina se excusó y bajó las escaleras, regresando unos minutos más tarde con Gustavo para anunciar que Angelina debe prepararse de inmediato para ser trasladada a un hotel en el extremo de la Ciudad de México. No sabían exactamente dónde, porque Juan hizo todos los arreglos, pero estaban abiertos sobre la razón de este movimiento: no podían darse el lujo de arriesgar su hogar. Con eso, Angelina estuvo de acuerdo.

Una vez más, Angelina se acostó en el asiento trasero del auto. Rodearon la ciudad durante al menos dos horas hasta que llegaron a un pequeño hotel en el lado opuesto de la ciudad. Juan la estaba esperando allí. La registró con su propio pasaporte y le explicó que su empresa tenía un trato especial con el hotel para mantener su registro confidencial.

Juan y Gustavo llevaron a Angelina a su suite y le explicaron que, a pesar de estar en posesión de su pasaporte, no podía salir del país hasta que el juez regresara de sus vacaciones, y emite una decisión final sobre las acusaciones hechas en su contra. Para este fin, Juan necesitaría recibir el resto de sus honorarios legales. Mientras tanto, ella debería responder a las tonterías de la queja de Montezuma a pesar de que solo repite los mismos absurdos en numerosas páginas.

Según Juan, «El juez ya sabía que no había quejas legales contra usted antes de su arresto, así como la evidencia de que las quejas fueron inventadas por el investigador en la oficina del fiscal general solo después de su arresto».

—No me digas —contesto Angelina. "Tuve la desgracia de ver este procedimiento en persona durante mi tercer día de ser arrestada y retenida en la oficina del fiscal general."

Gustavo prometió enviar algunos suministros de comida al día siguiente porque no querían que ella saliera del hotel para comprar comida, para evitar el descubrimiento de su ubicación. La última solicitud de Angelina fue que Juan llamara a su esposo y le diera su número en el hotel. Nadie conocía este número todavía, por lo que sería seguro recibir llamadas de su esposo e incluso de sus hijos adultos. También pidió que alguien recogiera su equipaje en el aeropuerto, permitiéndole cambiarse de ropa y enviar los suministros veterinarios para perros callejeros que les trajo para los protectores voluntarios en la Ciudad de México.

Después de que sus abogados salieron del hotel, ella finalmente se tomó el tiempo para reflexionar sobre los eventos. Tenía la incómoda sensación de que sus abogados la retenían en un hotel mexicano, en lugar de permitirle regresar a casa, para asegurarse de que recibieran todo su pago acordado. Aun así, sus condiciones ahora mejoraron enormemente. Tenía una pequeña suite con una mesa para escribir, televisión y un teléfono.

Una hora después, Diego llamó. Su voz era animosa y exuberante. Él fue feliz poder hablar con ella directamente a su número de teléfono particular en hotel y le dio este número de teléfono a sus hijos. Dijo que recaudó el dinero, pero que la transferencia solo podría tener lugar después del fin de semana. También le dijo que Zolinka dejó de gemir y comenzó a comer de nuevo, lo que tomó como un buen augurio para predecir el regreso seguro de Angelina a casa. Después de su llamada, hubo llamadas de sus hijos, desde otras ciudades donde residian con sus propias familias. Estaban preocupados y ansiosos. Angelina había renovado su espíritu lo suficiente como para disfrutar de su primer decente sueño en esta semana.

A la mañana siguiente, hojeó 170 páginas de la *queja* firmada, pero obviamente no leída, porque nadie en mente sana, firmaría si leerá. Angelina nunca podría imaginar que la oficina del Procurador General de México podría producir tales repletos absurdos de contradicciones y repeticiones. Quien escribió este documento obviamente era analfabeto. Ese no era una queja legal, era una *alucinación inducida por las drogas del caballo borracho*. Fue fácil demostrar que era absurdo, pero muy difícil de leer. Ella escribió solo una oración:

"Él principal reclamo en la queja es que Angelina solo fingió, pero nunca trabajó para PEMEX. Él mismo se contradice con el segundo reclamo en la dicha queja que PEMEX le pagó por la exitosa finalización de su contrato, a los que prueban los documentos y los videos disponibles sobre las pruebas realizadas por PEMEX del correcto rendimiento del sistema."

Fue interrumpida por los visitantes: Gustavo y Marina, trayendo el equipaje de Angelina, algo de comida y bebidas, y se llevaron con ellos los suministros veterinarios para los callejeros de la ciudad, que Angelina llevaba en su equipaje. Cuando Juan llegó por la noche, Angelina le contó sobre la llamada de Diego y le explicó que la transferencia podría realizarse solo al día siguiente porque los bancos no hacen transferencias electrónicas los fines de semana. Ella le dio a Juan su respuesta preparada a la queja, y se entretenían riendo sobre lo absurdo de lo escrito por el empleado analfabeto en la oficina del fiscal general y firmado por Montezuma. Juan no podía darse el gusto por mucho más tiempo; tuvo que apresurarse preparar una respuesta para el juez.

El día siguiente lo pasó nerviosamente esperando a Juan, con la esperanza de poder discutir con él no solo los resultados de la decisión final del juez sobre su caso, que ya no le preocupaba realmente, sino pensando en la situación de todas otras ancianas encerradas en este desagradable cereso.

«¿Cuántos sobrevivirían a esta prolongada injusticia?

» ¿Y por qué los delincuentes policiales y los jueces indiferentes disfrutan de total impunidad?

» ¿Por qué nadie parece saberlo y no se hace nada?

» Hipocresía, intolerancia, misoginia, conservadurismo y avaricia de la Iglesia Católica Romana en México.

» La ambición de los poderes gobernantes mexicanos creó un verdadero monstruo de autodestrucción perpetua.

» Tradicionalmente lavados cerebros durante siglos por la religión y los gobernantes del país, los mexicanos están acostumbrados a toda esta violencia sin sentido y soportan cualquier cosa, incluso cuando se dirige contra sus propias madres.

» El tradicional odio mestizo contra sus madres tampoco ayudó.

Pero Angelina no podía dejarlo ir. Juan fue efectivo en su caso, y ella decidió pedirle su consejo nuevamente. Mientras tanto, Angelina se educó a este respecto al investigar el tema en Internet en México. Encontró algunas mujeres periodistas destacadas, como Carmen Aristegui Flores y Anna Lilia Perez.

No se supo nada de Juan durante todo el día. De repente apareció dos días después, con Gustavo alrededor de las 10 de la noche, para darle una excelente noticia:

—El juez emitió una decisión final con respecto a las acusaciones hechas contra usted, Angelina, como falsas, que contienen testimonios fraudulentos. Como resultado, ahora eres completamente libre de salir de México. Sería mejor para usted comprar su boleto justo en el aeropuerto, justo antes del vuelo, para evitar cualquier posibilidad de otro secuestro criminal antes del vuelo.

— ¿Qué quieres decir? ¿Existe tal posibilidad? ¿Incluso después de esta última resolución del juez? ¿Qué clase de circo es este y por qué crees que Montezuma está tan obsesionado con eliminarme? —pregunto ella.

—Su abogado corporativo Rolando me dijo que hace un año descubrió resoluciones falsas de su empresa con su firma falsificada presentada por Montezuma en el Registro Público de empresas. Esto representa una evidencia agravante contra la persona que cometió esta falsificación y produjo los documentos falsos. Es un delito criminal grave en México y, si lo persiguen, el falsificador podría olvidar su carrera política para siempre.

Esto le recordó a Angelina lo que dijo la periodista Carmen Aristegui: "Las mujeres están siendo asesinadas por desobedecer el mandato machista."

"Esas mujeres, que defienden sus principios, se caracterizan en la cultura mexicana como *la mala mujer* casi siempre va acompañada de la idea de actividad agresiva. No es pasiva como la madre que se niega a sí misma o la novia que espera, el ídolo hermético: va y viene, busca hombres y luego los deja. Su extrema movilidad, a través de un mecanismo similar al descrito anteriormente, la hace invulnerable", (Octavio Paz, El laberinto de la soledad. Pg. 39)

— ¿Juan, recibió la transferencia bancaria? Diego me dijo que había sido enviado a Nueva York según tus instrucciones.

—Sí, tengo. Todo está en orden. Usted no necesita preocuparse por eso".

— ¿En este caso, puedo intentarlo de nuevo para pedirle consejos acerca de cómo podríamos ayudar a las ancianas en la cárcel con quien pasé una horrible noche?

—Mira, Angelina, los abogados mexicanos no estamos motivados por el altruismo. Si alguien está dispuesto a cubrir sus costos legales, podría recomendar un abogado penal, pero no sería yo porque, como ya le dije, las pruebas falsas y el falso testimonio de los investigadores policiales serán muy difíciles de probar. Tomé su caso porque era muy fácil probar el arresto arbitrario y las acusaciones falsas, pero en caso de ancianas mexicanas, sería muy difícil.

— ¿Qué tan grandes son los honorarios legales en estos casos? —pregunto ella.

—No podría decirlo. Estos casos son complejos en muchos niveles. Solo puedo decirle que sería más que mis honorarios legales en el caso suyo. Tu caso fue fácil.

Sintiéndose triste, Angelina le pedido a Juan si fuera posible encontrar a un abogado dispuesto a ayudarlo a las mujeres en cárceles mexicanos sin que sus honorarios legales fueron altos, que por favor avísele.

Al concluir Juan le pidió que estuviera lista para partir a la mañana siguiente hacia el aeropuerto con Gustavo y Marina. Ellos ayudaron a Angelina a comprar su vuelo y ella salió de México por la tarde.

Angelina logro regresar a su país porque tuvo la suerte de poder pagar los honorarios legales, pero lo hizo con un corazón muy pesado, no tanto por su perdido negocio en México, sino por las pobres mujeres torturadas en prisiones mexicanas, sacrificadas por la policía corrupta e ignoradas por todos aquellos que aspiran a la riqueza y al progreso en una sociedad mexicana muy conservadora y obediente. Angelina regresaba a casa con terrible pena tener que dejar atrás a miles de inocentes madres y hermanas mexicanas languideciendo en las cárceles. Las vidas de sus hijos están abandonadas a su suerte.

«¿Cuándo y cómo se detendrá el abuso tan atroz de las mujeres y de los pobres?

» ¿Cuándo Balam Chan (su chófer mexicano) siendo trabajador y diligente, con su joven familia, no tendrá que esconderse de represalias criminales en su propio país, y cuándo sus pequeños y hermosos hijos tendrán la oportunidad de tener paz, salud y un ambiente decente? una buena educación?

» ¿Cuándo los progresistas mexicanos aspirarán a los verdaderos derechos humanos, al conocimiento y la prosperidad?

Pero por ahora:
El cielo está en llamas
Y Yo debo irme.
No hay necesidad de enojarse
No hay necesidad de culparse
No hay nada que demostrar
Todo sigue igual
Adios Angelina
El cielo está en llamas
Debo ir donde es tranquilo
Bob Dylan

11. Epilogue

Hubo algunos progresos en el movimiento social de mujeres realizados en México desde la tanda de Angelina de 24 horas en la cárcel mexicana.

Amnistía Internacional publicó estos informes sobre el maltrato de las mujeres en las prisiones de México en junio de 2016:

- Mexico: Sexual violence routinely used as torture to secure “confessions” from women.

- FALSE SUSPICIONS ARBITRARY DETENTIONS BY POLICE IN MEXICO

La campaña de **#LiberarlasEsJusticia**, **WOLA**, y **EQUIS Justicia** esperan establecer un mecanismo legal para liberar a las mujeres, consideradas "mujeres presas políticas y víctimas de la política de drogas" e implementar estrategias integrales para su reinserción social.

EQUIS: Justicia para las Mujeres, una rama mexicana de la Organización Internacional de Voluntarios **NAMATI** (innovaciones en el apoderamiento legal) fundada en 2011 para construir un movimiento de defensores legales de base en todo el mundo. Su sucursal mexicana **EQUIS** es una organización feminista en la Ciudad de México con un grupo de 22 jóvenes feministas que responden a los desafíos de defender los derechos humanos de las mujeres. Su objetivo es traer nuevas perspectivas y estrategias innovadoras para ayudar a aumentar la responsabilidad de las instituciones de administración de justicia en México. Su objetivo es crear condiciones en las que las mujeres puedan ejercer sus derechos humanos sin violencia y discriminación logradas mediante la implementación de estrategias de acceso a la justicia, influyendo en las políticas públicas y movilizando a personas influyentes que toman decisiones para respetar, proteger y cumplir los derechos humanos de las mujeres.

El colectivo feminista **Equis Justicia** presentó en el Senado de la República los resultados de una investigación que refleja que de 2015 a 2017, el número de mujeres admitidas a prisión por delitos relacionados con drogas aumentó 103.3%.

"La guerra contra las drogas en el país ha impactado desproporcionadamente por las mujeres. Por ejemplo, el 43 por ciento de la población total de mujeres en las cárceles federales están detenidas por ese delito y del mismo, el 84 por ciento son madres solteras o tienen más personas que dependen sobre ellos económicamente. Hoy, de acuerdo con la Encuesta Nacional de población carcelaria, de todas las mujeres detenidas por la Marina, el 41 por ciento fueron torturadas sexualmente, esto contra el 5 por ciento de los casos entre hombres, y aquellos que fueron detenidos por miembros de la Ejército, el 21 por ciento fueron torturados y, nuevamente, solo el 5 por ciento de los hombres." (Isabel Erreguerena).

Por estas razones, para poder brindar mejores oportunidades a las mujeres privadas de libertad, Equis Justicia sugiere una estrategia de tres ejes, que solo funciona con la creación de un mecanismo legal para liberar a las mujeres acusadas de delitos, cambiando el enfoque hacia política de drogas que no debe ser punitiva, sino centrarse en los derechos humanos. Finalmente, sugiere la implementación de políticas de reintegración social y seguimiento, para averiguar qué les sucede a las mujeres cuando salen de prisión.

Coletta Youngers, representante de la ONG, la Oficina de Washington para América Latina (WOLA), explicó en una entrevista para Reporte Indigo que, en América Latina, el 20 por ciento de los presos varones están acusados de delitos de drogas, mientras que, en la población femenina, el número varía entre 30 y 70 por ciento.

En mayo de 2018, se celebró una audiencia en la Comisión Interamericana de Derechos Humanos (CIDH) donde grupos colectivos (un total de 25 personas) presentaron los efectos negativos sobre los derechos de las mujeres que provocan las políticas de criminalización de los delitos relacionados con las drogas en México. En la audiencia, se señaló que las cárceles son lugares donde se producen violaciones graves de los derechos humanos. Una situación que, en el caso de las mujeres, se agrava por la falta de mecanismos específicos para garantizar su protección. El denominador común en los arrestos vinculados al narcotráfico en México es la tortura agravada en el caso de las mujeres debido al factor de abuso sexual.

Todavía no hay resultados de esta campaña, pero es un comienzo integral de la lucha por los derechos de las mujeres contra un sistema de aplicación corrupto y privilegiado en México.

Alejandra Ancheita Pagaza, directora de Proyecto de Derechos Económicos, Sociales y Culturales A.C. (Prodesc), se convirtió en la primera mexicana defensora de derechos humanos en recibir el doctorado Honoris Causa de la Universidad de París Nanterre.

Ancheita Pagaza afirmó que, aun con un gobierno emanado de izquierda, "en México todavía hay mucho camino que recorrer en materia de respeto a las garantías individuales". Alejandra Ancheita propuso construir una nueva historia juntos antes de que la espiral de violencia en México siga causando más dolor. "Nuestro país ha sufrido bastante, es imperativo que nos organicemos por la dignidad" y, citando a Rosa Luxemburgo, expresó que "debemos trabajar por un mundo donde seamos socialmente iguales, humanamente diferentes y totalmente libres", Noticias Aristegui, 09-29-2019

www.ingramcontent.com/pod-product-compliance
Lightning Source LLC
LaVergne TN
LVHW012349220826
846091LV00016B/4177

* 9 7 8 1 7 7 7 0 3 5 6 1 7 *